W0209191

Sabine Dölemeyer

Kaufmann/Kauffrau im Einzelhandel, Teil 1 Verkäufer/Verkäuferin

Prüfungstrainer Abschlussprüfung
Übungsaufgaben und erläuterte Lösungen

Lösungs- und Erläuterungsteil

Bestell-Nr. 484

U-Form Verlag · Hermann Ullrich GmbH & Co. KG

Deine Meinung ist uns wichtig!

Du hast Fragen, Anregungen oder Kritik zu diesem Produkt?

Das U-Form Team steht dir gerne Rede und Antwort.

Direkt auf

facebook.com/pruefungscheck

fragen, diskutieren, stöbern und weiteres Wichtige und Wissenswerte rund um Ausbildung erfahren

oder einfach eine kurze E-Mail an

feedback@u-form.de

Bitte beachten Sie:

Zu diesem Prüfungstrainer gehören auch noch ein Lösungsteil und ein heraustrennbarer Lösungsbogen.

COPYRIGHT

U-Form Verlag · Hermann Ullrich GmbH & Co. KG
Cronenberger Straße 58 · 42651 Solingen
Telefon 0212 22207-0 · Telefax 0212 22207-63
Internet: www.u-form.de · E-Mail: uform@u-form.de

Alle Rechte liegen beim Verlag bzw. sind der Verwertungsgesellschaft Wort, Untere Weidenstraße 5, 81543 München, Telefon 089 514120, zur treuhänderischen Wahrnehmung überlassen. Damit ist jegliche Verbreitung und Vervielfältigung dieses Werkes – durch welches Medium auch immer – untersagt.

12. Auflage 2018 · ISBN 978-3-88234-484-4

©U-Form Verlag – Kopieren verboten!

Inhaltsverzeichnis Lösungsteil

© U-Form Verlag – Kopieren verboten!

Inhaltsverzeichnis Lösungsteil

© U-Form Verlag – Kopieren verboten!

Inhaltsverzeichnis Lösungsteil

Bereich	Seite
3. Wirtschafts- und Sozialkunde	

Inhaltsverzeichnis Lösungsteil

© U-Form Verlag – Kopieren verboten!

1

Verkauf und Marketing

- Information und Kommunikation
- Warensortiment
- Grundlagen von Beratung und Verkauf
- Servicebereich Kasse
- Marketinggrundlagen

©U-Form Verlag – Kopieren verboten!

Hinweis

ACHTUNG!

Sollte es für diesen Prüfungstrainer Aktualisierungen oder Änderungen geben, können Sie diese unter

www.u-form.de/addons/484-1.pdf

herunterladen. Ist diese Seite nicht verfügbar, so sind keine Änderungen eingestellt!

© U-Form Verlag – Kopieren verboten!

1.01

1. Umsatzentwicklung

Unter Umsatz versteht man den Wert der verkauften Waren zum Bruttoverkaufspreis.

Ein erfolgreicher Einzelhändler muss seine Umsatzzahlen laufend überprüfen.

Umsatzstatistiken, welche die erzielten Umsätze der einzelnen Warengruppen ausweisen, unterstützen ihn bei seinen betrieblichen Entscheidungen. Umsatzabweichungen und Umsatzrückgänge sind immer auf ihre Ursache hin zu überprüfen. Dabei wird der Umsatz von einer Vielzahl von Faktoren beeinflusst.

Mögliche Ursachen für den Umsatzrückgang können sein:

- Veränderung der Mitbewerbersituation
- Aktionen der Mitbewerber
- Veränderung des Nachfrageverhaltens durch Modeeinflüsse
- Konjunktur (z. B. Sinken der Kaufkraft durch hohe Arbeitslosigkeit)
- Sortimentsstruktur (z. B. fehlende Aktualität des Sortiments)
- Preisstruktur, -kalkulation (z. B. aufgrund hoher Betriebskosten und damit verbundenen hohen Kalkulationszuschlägen oder teure Bezugsquellen)
- wenig attraktive Warenpräsentation
- fehlende Werbung

2. Berechnung des prozentualen Umsatzverlusts

Zur Ermittlung des prozentualen Umsatzverlustes des 1. Halbjahres 2017 gegenüber dem vergleichbaren Vorjahreszeitraum muss die Differenz zwischen den Halbjahresumsätzen 2016 und 2017 errechnet werden.

Umsatz 1. Halbjahr 2016	402.855,00 €
Umsatz 1. Halbjahr 2017	384.000,00 €
Differenz	18.855,00 €

Da ermittelt werden soll, wie hoch der prozentuale Umsatzverlust 2017 gegenüber dem Vorjahr ist, stellt der Umsatz des Jahres 2016 hundert Prozent dar.

Umsatz 1. Halbjahr 2016	402.855,00 € = 100 %
Differenz	18.855,00 € = x

$$x = \frac{100\ \% \cdot 18.855{,}00\ €}{402.855{,}00\ €} = 4{,}680\ \% \approx \mathbf{4{,}68\ \%}$$

% , 4 6 8

Der Umsatzverlust des 1. Halbjahres 2017 gegenüber dem vergleichbaren Vorjahreszeitraum beträgt **4,68 %**.

©U-Form Verlag – Kopieren verboten!

3. Konkurrenzbeobachtung

Um sich der veränderten Mitbewerbersituation anzupassen und sich von der Konkurrenz abzuheben, muss der Einzelhändler den Markt genau kennen. Das Instrument der Konkurrenzbeobachtung dient dazu, die Art der Konkurrenz festzustellen und Möglichkeiten zu erkennen, wie sich das eigene Unternehmen von der Konkurrenz abheben kann.

Folgende Aspekte gehören zu einer gezielten Konkurrenzbeobachtung:

Die Feststellung von:

- Anzahl der Mitbewerber nach Betriebsform und Standort
- Marktbedeutung des Mitbewerbers
- Verkaufsfläche der Mitbewerber
- Anzahl der Verkaufsmitarbeiter des Mitbewerbers und deren Fachkompetenz
- Sortimentsstruktur des Mitbewerbers
- Sortimentsüberschneidungen zum eigenen Sortiment
- Preisstruktur des Mitbewerbers
- Aktionen/Sonderveranstaltungen des Mitbewerbers
- Werbung/Warenpräsentation des Mitbewerbers

4. Sortimentspolitik

Unter **Sortimentspolitik** versteht man alle Entscheidungen, die der Einzelhändler bezüglich der optimalen Zusammensetzung seines Sortiments trifft.

Sie wird durch folgende **Faktoren** beeinflusst:

- Standort
- Betriebsform
- Geschäftszweig
- Kapitalbedarf
- Verkaufs- und Lagerfläche
- Branchenkenntnisse des Geschäftsinhabers und seiner Mitarbeiter
- Warenbezugskosten
- Handelsspanne
- Einflüsse der Hersteller und Lieferanten
- Auswertung der eigenen Umsatz- und Absatzstatistiken

5. Über- und Untersortiment

Von einem **Übersortiment** spricht man, wenn das Warenangebot größer ist als die Nachfrage.
Die Folgen sind eine hohe Kapitalbindung durch zu große Warenbestände und dadurch hohe Lagerkosten. Es besteht die Gefahr einer Überalterung der Ware (Ladenhüter).

Von einem **Untersortiment** spricht man, wenn das Warenangebot kleiner ist als die Nachfrage.
Die Folgen sind Sortimentslücken und dadurch häufig unzufriedene Kunden, was zu Kundenverlust und damit zu einem Umsatzrückgang führen kann.

© U-Form Verlag – Kopieren verboten!

6. Sortimentsänderung

Die Zusammensetzung des Sortiments muss laufend überwacht und gegebenenfalls dem veränderten Nachfrageverhalten der Kunden angepasst werden.

Gründe für eine Sortimentsänderung können sein:

- die Änderung des Nachfrageverhaltens, z. B. durch Mode- und Geschmacksänderungen
- die Veränderung der Mitbewerbersituation
- die Änderung der Geschäftspolitik
- das Schließen von Sortimentslücken (fehlende Sortimentsbereiche werden aufgenommen)
- die wirtschaftliche Lage (z. B. Verringerung der Kaufkraft)
- Neuheiten auf dem Markt
- neue Lieferanten

Die Konkurrenzbeobachtung in dem Beispiel hat ergeben, dass die Lederwarenabteilung keine ausreichende Produktauswahl in den Bereichen „Junge Handtaschenmode" und „Schulranzen" bietet. Hier sollte der Abteilungsleiter in beiden Warengruppen eine **Sortimentserweiterung** durch die Aufnahme neuer Waren oder Warengruppen vornehmen und damit sein Sortiment verbreitern oder auch zusätzlich vertiefen.

Im Bereich Kleinlederwaren liegt ein Übersortiment vor, außerdem sind dort die Umsatzzahlen rückläufig. Diese Faktoren sprechen für ein wenig attraktives Sortiment und möglicherweise viele Ladenhüter. Der Abteilungsleiter sollte eine **Sortimentsbereinigung** vornehmen und unrentable und schlecht absetzbare Waren aus dem Sortiment nehmen.

7. Kern- und Randsortiment

Das **Kernsortiment** ist der Sortimentsteil, auf den sich die Haupttätigkeit des Einzelhandelunternehmens erstreckt. Mit dem Kernsortiment wird der überwiegende Teil des Umsatzes getätigt.

Beispiele: Schulranzen, Schüleretui, Lederhandtaschen, Koffer, Portemonnaies, Schirme

Das **Randsortiment** hingegen wird zur Ergänzung und Abrundung geführt, um den Kunden zusätzliche Leistungen zu bieten, sich gegenüber den Mitbewerbern abzugrenzen und einen zusätzlichen Gewinn zu erzielen.

Beispiele: Souvenirs, Fanartikel, Reiseaccessoires, Geschenkartikel

©U-Form Verlag – Kopieren verboten!

1.02

1. Teambesprechung

Als Vorgesetzter wählen Sie die Form der Teamarbeit, um bessere Arbeitsergebnisse zu erzielen.

Die Beteiligung der Mitarbeiter am Umgestaltungsprozess dient dazu,

- das Verständnis für die Notwendigkeit der Maßnahme und den bevorstehenden Arbeitsmehraufwand zu wecken,
- das vorhandene Wissen und die Ideen der Mitarbeiter für den Umgestaltungsprozess zu nutzen,
- dass die Mitarbeiter erkennen, dass sie die Arbeitsprozesse beeinflussen können,
- dass die Mitarbeiter mehr Verantwortung für ihre Arbeit übernehmen,
- dass die gegenseitige Unterstützung der Mitarbeiter untereinander wächst,
- dass die Identifikation der Mitarbeiter mit ihrer Abteilung und dem Unternehmen steigt.

2. Gruppenarbeit

Voraussetzung für eine erfolgreiche Gruppenarbeit ist eine klare Aufgabenstellung und eine gewissenhafte Planung und Organisation.

Das Gelingen einer Gruppenarbeit ist aber vor allem abhängig vom Verhalten der Gruppenmitglieder untereinander, der Kommunikation innerhalb der Gruppe und der Arbeitsorganisation.

Folgende Regeln gelten für die Zusammenarbeit:

1. Jedes Gruppenmitglied darf Vorschläge einbringen.
2. Jedes Gruppenmitglied hört dem anderen zu, ohne ihn zu unterbrechen.
3. Die Gruppenmitglieder dürfen sachlich kritisieren oder kritisiert werden (Feedback geben und Feedback nehmen).
4. Jedes Gruppenmitglied akzeptiert die Entscheidung der Mehrheit der Gruppe.

3. Mind-Mapping

Das Mind-Mapping ist eine Arbeitsmethode, um Gedanken, Ideen, Vorschläge und Gesprächsinhalte festzuhalten, ohne sie zu werten oder bereits in eine bestimmte Reihenfolge zu bringen.

Mind-Mapping verknüpft sprachliches und bildhaftes Denken miteinander. Die grafische Darstellung unterstützt beim Denken und stärkt dadurch die Konzentration, die Kreativität und das Erinnerungsvermögen.

Das Thema bzw. die zu bearbeitende Fragestellung wird zentral in die Mitte eines Blattes, eines Flipcharts oder einer Tafel geschrieben. Von hier ausgehend werden für Unterpunkte Linien (Äste) gezeichnet und mit entsprechenden Schlüsselwörtern versehen. Ergänzungen werden auf Nebenästen notiert. Durch die Verästelung wird eine Strukturierung der Gedanken und Ideen vorgenommen, es entsteht die sogenannte Mind-Map (Gedankenkarte).

Zur besseren Übersichtlichkeit wird die Mind-Map durch Bilder, Symbole und Zeichen ergänzt und farblich gestaltet.

Fortsetzung auf der nächsten Seite

 © U-Form Verlag – Kopieren verboten!

Die Arbeitsmethode des Mind-Mapping eignet sich um Vorträge zu entwerfen, Protokolle zu führen, Gedanken zu einem bestimmten Thema zusammenzutragen, Projekte zu planen, Ergebnisse einer Gruppenarbeit zu präsentieren oder auch als Lerntechnik, um Lehrstoff zu strukturieren oder zu wiederholen.

Beispiel:

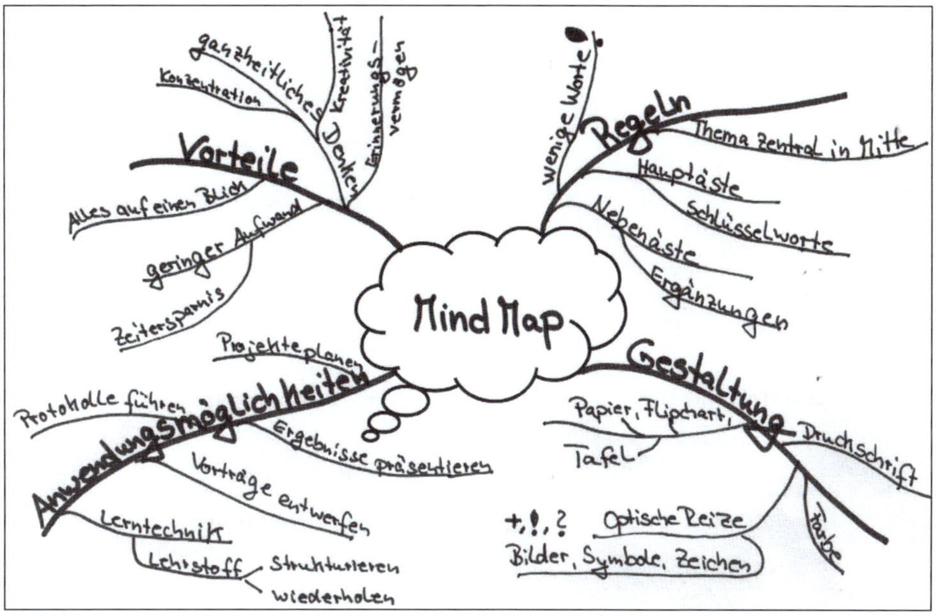

4. Feedback

Feedback geben bedeutet einem Gesprächspartner eine Rückmeldung zu geben.

Die positive Wirkung von Feedback liegt darin, störende Verhaltensweisen zu korrigieren bzw. positive Verhaltensweisen zu stärken und damit die Zusammenarbeit effektiver zu gestalten.

Ein sinnvolles Feedback berücksichtigt folgende Regeln:

Das Feedback

- muss klar und sachlich formuliert sein,
- ist auf das Wesentliche beschränkt und nicht verallgemeinernd,
- ist konstruktiv,
- soll nachprüfbar sein,
- erfolgt zeitnah, damit der Feedbacknehmer die Möglichkeit hat, die angesprochene Situation in Erinnerung zu rufen und sein Verhalten zu reflektieren,
- darf das Selbstwertgefühl des Feedbacknehmers nicht verletzen.

©U-Form Verlag – Kopieren verboten!

5. Merkmale des Fachgeschäftes

Das **Fachgeschäft** ist ein Geschäft von kleiner bis mittlerer Betriebsgröße und befindet sich meist im Zentrum einer Stadt.

Es bietet Waren einer Warengruppe (schmales/enges Sortiment) in vielen unterschiedlichen Ausführungen, Qualitäten und Preislagen (tiefes Sortiment) an.

Die folgende Tabelle gibt Ihnen einen Überblick über weitere Betriebsformen des Einzelhandels.

Betriebsform	Betriebsgröße	Standort	Verkaufsform	Sortiment
Fachgeschäft	klein bis mittelgroß	Zentrum	Vorwahl/ Bedienung	schmal/tief
Spezialgeschäft	klein bis mittelgroß	Zentrum	Vorwahl/ Bedienung	sehr schmal/ sehr tief
Discountgeschäft	mittelgroß	Randlage von Städten	Selbstbedienung	schmal/flach evtl. durch Randsortimente ergänzt
Kaufhaus	mittelgroß bis groß	Zentrum	Selbstbedienung/ Vorwahl/ Bedienung	breit/tief bzw. schmal/tief
Warenhaus	groß	Zentrum	Selbstbedienung/ Vorwahl/ Bedienung	breit/ unterschiedlich tief
Verbrauchermarkt	groß	Randlage von Städten	Selbstbedienung	breit/ unterschiedlich tief

6. Kundengerechte, warengerechte und verkaufsgerechte Warenpräsentation

Die Warenpräsentation, d. h. die Darbietung der Ware im Verkaufsraum, wird maßgeblich von dem angebotenen Sortiment und der Verkaufsform bestimmt.

Sie kann unter verschiedenen Aspekten erfolgen, die im Folgenden beschrieben werden:

Kundengerechte Warenpräsentation:

Die Ware wird so präsentiert, dass der Kunde nah an alle Waren herangeführt wird, schnell einen Überblick über das Sortiment erhält, die Ware problemlos begutachten und eine Vorauswahl treffen kann.

Warengerechte Warenpräsentation:

Die Ware wird entsprechend ihrer Art so angeboten, dass sie nicht beschädigt oder vernichtet wird.

Beispiele: Hochwertige und diebstahlgefährdete Ware wird in Vitrinen präsentiert, verderbliche Ware wird in Kühltheken angeboten.

Verkaufsgerechte Warenpräsentation:

Die Ware wird ihrem Umsatzanteil und der Gewinnspanne entsprechend in der jeweiligen Verkaufszone präsentiert.

© U-Form Verlag – Kopieren verboten!

7.

7.1 Erlebnisorientierte Warenpräsentation/Visual Merchandising

Die Präsentation der Ware, die Sortimentsauswahl und -gruppierung soll den Kunden faszinieren und zum Kauf animieren. Damit Kunden ihren Einkauf als Erlebnis empfinden, wünschen sie sich eine besondere Verkaufsatmosphäre, die z. B. durch eine ungewöhnliche oder stimmungsvolle Warenpräsentation, Produktproben, Events (z. B. Autogrammstunden) oder Attraktionen für Kinder (z. B. Malwettbewerbe) unterstützt wird.

Beispiele:

In der Lederwarenabteilung vermittelt eine Stranddekoration mit Sand, Sonnenschirmen, Wasserbällen, Palmen, Badetaschen und Koffern Lust auf Urlaub und Ferien.

Die Dekoration einer alten Schulbank und einer Tafel mit Stiften, einem Schüleretui, einem Schulranzen und einer Schultüte verbunden mit einem Malwettbewerb für die Vorschulkinder „Meine Wunschschule“ weckt die Vorfreude auf den bevorstehenden Schulbeginn.

7.2 Demografischer Wandel

Der demografische Wandel führt zu einer Veränderung der Gesellschaft und nimmt damit auch Einfluss auf den Einzelhandel. Die steigende Lebenserwartung hat ein verändertes Konsumverhalten und veränderte Kundenbedürfnisse zur Folge.

Im Zusammenhang mit der Gestaltung Ihrer Abteilung haben Sie u. a. folgende Möglichkeiten, der Zielgruppe „50 plus“ gerecht zu werden:

- ausreichende Helligkeit
- indirekte Beleuchtung, um Blendungen zu vermeiden
- Lichtgewöhnungsphasen am Ein- bzw. Ausgang (Hell- und Dunkelgewöhnung)
- Übersichtlichkeit des Warenaufbaus
- leichte Erreichbarkeit der Ware
- gut lesbare Preisbeschilderungen
- Orientierungshilfen
- bequeme und sichere Kundenwege
- ausreichende Gangbreiten
- Einrichtung von Verweilzonen
- Schaffung von Sammelstellen zur Aufbewahrung von Einkäufen

©U-Form Verlag – Kopieren verboten!

1.03

1. Verkaufszonen

Kundenlaufstudien ermitteln, welche Wege und Laufrichtungen Kunden im Verkaufsraum bevorzugen.

Dabei ergeben sich folgende Aspekte, die bei der Verkaufsraumgestaltung und der Warenplatzierung berücksichtigt werden müssen:

Die Kunden

- durchlaufen den Eingangsbereich einer Abteilung/eines Geschäftes ziemlich schnell,
- benutzen Mittelgänge des Verkaufsraums nur ungern,
- bevorzugen Gänge in Längsrichtung, nicht in Querrichtung,
- nehmen beim Einkaufen die kürzesten Wege und sparen deshalb Ecken aus und
- orientieren sich, aufgrund ihrer bevorzugten Griffseite, meist nach rechts.

Somit lassen sich die Verkaufszonen wie folgt einteilen:

Starke Verkaufszone	Schwache Verkaufszone
Kassenzone	Eingangszone
Rechte Gangseite	Randzone
	Mittelgang
	Linke Gangseite

2. Kundenstromlenkung

Der Kundenstrom lässt sich durch eine sorgfältig geplante Grundrissgestaltung der Abteilung/des Geschäfts, durch die richtige Lage der Ein- und Ausgänge und der Kasse, durch zweckmäßige Gangbreiten und die überlegte Anordnung des Mobiliars und der Warengruppen lenken.

Ziel ist es, den Kunden möglichst am gesamten Sortiment vorbeizuführen. Hilfreich ist dabei eine Gangführung entgegen dem Uhrzeigersinn, da die rechte Seite die bevorzugte Griffseite der meisten Kunden darstellt.

Unterstützend wirkt eine entsprechende Platzierung von Angebotsartikeln und Displaymaterial sowie die Schaffung einer angenehmen Kaufatmosphäre durch schönes und zweckmäßiges Mobiliar, eine ansprechende farbliche Gestaltung, Lautsprecherdurchsagen, Hintergrundmusik und natürlich Sauberkeit und Ordnung des Verkaufsraums.

© U-Form Verlag – Kopieren verboten!

3.

3.1 Regalzonen

Bei der Warenplatzierung spielt die Verkaufswirksamkeit der Regalzonen eine bedeutende Rolle.

Die Fachbezeichnungen für die vier Regalzonen lauten:

Reckzone verkaufschwache Zone 160 – 220 cm Höhe	**Regalzone 1**
Sichtzone verkaufsstärkste Zone 120 – 160 cm Höhe	**Regalzone 2**
Greifzone verkaufsstarke Zone 80 – 120 cm Höhe	**Regalzone 3**
Bückzone verkaufsschwächste Zone bis 80 cm Höhe	**Regalzone 4**

3.2 Verkaufswirksamkeit der Regalzonen

Waren mit einer hohen Gewinnspanne und Waren, deren Verkauf besonders gefördert werden soll, werden in den verkaufsstarken Regalzonen platziert. Die größte Verkaufsstärke hat dabei die Sichtzone (120 – 160 cm), darauf folgt als verkaufsstarke Zone die Greifzone (80 – 120 cm). Diese Zonen entsprechen der Blick- und Griffhöhe der Kunden.

Weniger verkaufsstark hingegen sind die Reck- und die Bückzone. Schwere Waren und Waren mit einer niedrigen Gewinnspanne werden in der Bückzone (bis 80 cm), leichte Waren mit hohen Preisen in der Reckzone (160 – 220 cm) platziert.

4. Verbundplatzierung

Die Verbundplatzierung ist ein Mittel der Absatzförderung des Einzelhändlers. Er platziert dabei Waren, die dem gleichen Verwendungszweck dienen, gemeinsam in einem Warenträger.

Beispiel aus dem Sortimentsbereich „Schulranzen": Gemeinsame Präsentation von Schulranzen, Turnbeuteln und Sporttaschen, Schüleretuis, Kindergeldbörsen und Brustbeuteln.

Für den Kunden bietet diese Art der Warenplatzierung den Vorteil kurzer Wege, da er bequem alle Produkte eines Verwendungszwecks an einem Ort findet. Für den Einzelhändler bietet es die Chance des Mehrverkaufs und damit der Umsatzsteigerung.

5. Zweitplatzierung

Von einer Zweitplatzierung einer Ware oder Warenart spricht man, wenn die Ware ergänzend zu ihrem eigentlichen Stammplatz, an einer weiteren Stelle im Verkaufsraum präsentiert wird.

Der Einzelhändler hofft damit auf zusätzliche Umsatzchancen durch Impulskäufe der Kunden.

6.

6.1 Displaymaterial

Unter Display versteht man das optisch wirksame Ausstellen von Waren durch Werbematerial, das meist kostenlos vom Hersteller der Artikel zur Verfügung gestellt wird.

Für den Einzelhändler bietet es den Vorteil, dass die Ware durch die besondere Form der Präsentation in den Blickpunkt des Kunden gerückt und somit dessen Aufmerksamkeit geweckt wird. Da Displays häufig mit zusätzlichem Informationsmaterial wie Broschüren, Prospekten und Plakaten ausgestattet sind, können sich die Kunden, aber auch die Mitarbeiter über die Eigenschaften und die Handhabung des Produktes informieren.

6.2 Displaymaterial

Displaymaterialien können u.a. sein:

Warenständer, Regale, Körbe und Behälter, Pappaufsteller oder Plakate.

7. Serviceleistungen

Serviceleistungen sind freiwillige Leistungen, die der Einzelhändler neben dem Verkauf der Ware zusätzlich anbietet, um Stammkunden zu halten, neue Kunden zu gewinnen, das Image des Geschäftes zu fördern, sich im Wettbewerb zu behaupten und sich von seinen Mitbewerbern abzuheben.

Man kann diese Leistungen in die drei Kategorien waren-, zahlungs- und kundenbezogene Serviceleistungen aufteilen.

Beispiele

Warenbezogene Serviceleistungen

- Geschenkverpackung
- Warenzustellung
- Auswahlsendungen
- Reservierung von Waren
- Annahme telefonischer Bestellungen
- Sonderbestellungen
- Garantieleistungen
- Wartungs-, Reparatur- und Änderungsarbeiten
- Umtauschmöglichkeit

Kundenbezogene Serviceleistungen:

- Kundenparkplätze
- Fahrstühle und Rolltreppen
- Sitzgelegenheiten
- Vergütung von Parkgebühren
- Cafeteria/Kundenrestaurant
- Kinderbetreuung
- Schließfächer
- Kundentoiletten
- Kundenzeitschrift

Zahlungsbezogene Serviceleistungen

- bargeldlose Zahlung mit Bank- oder Kreditkarte
- Nachlässe
- Kundenkarte
- Ratenzahlung
- Kreditgewährung

© U-Form Verlag – Kopieren verboten!

1.04

1.

1.1 Werbeplan

Der Einzelhändler verfolgt mit seiner Werbung vorwiegend das Ziel der Absatzförderung. Damit er dieses Ziel erreicht, muss er sehr planmäßig vorgehen.

In einem Werbeplan legt er darum die Details für die Durchführung seiner Werbung fest. Dabei sind folgende Punkte zu berücksichtigen:

- **Werbeziel**, d. h. was soll mit der Werbung erreicht werden,
- **Werbeaussage**, d. h. welche Werbebotschaft soll transportiert werden,
- **Streuweg**, d. h. welche Werbemittel und Werbeträger sollen eingesetzt werden,
- **Werbeetat**, d. h. welche finanziellen Mittel müssen für die Werbung zur Verfügung stehen,
- **Streukreis**, d. h. welche Zielgruppe soll mit der Werbung angesprochen werden,
- **Streugebiet**, d. h. in welchem geografischen Gebiet soll geworben werden,
- **Streuzeit**, d. h. in welchem Zeitraum und wie häufig soll die Werbung stattfinden.

Information

Werbemittel dienen der Durchführung der Werbung. Dazu gehören u. a. Anzeigen und Inserate, Prospekte, Werbesendungen in Rundfunk und Fernsehen, Werbebriefe, Postwurfsendungen, Broschüren und Handzettel, Warenproben, Werbegeschenke und Zugaben.
Die Präsentation der Ware im Verkaufsraum und Schaufenster und das Verkaufsgespräch stellen dabei die wichtigsten Werbemittel des Einzelhändlers dar.

Werbeträger sind das Transportmittel für die Werbemittel. Dazu gehören u. a. Zeitungen und Zeitschriften, Rundfunk und Fernsehen, Plakatwände und -säulen, Verteiler von Prospekten und Handzetteln, Straßenbahnen und Busse.

1.2 Werbeziele

Das Werbeziel kann je Werbemaßnahme sehr unterschiedlich sein und wird maßgeblich von der Geschäftspolitik des Unternehmens beeinflusst.

Die Werbung zur „Neueröffnung" des Warenhauses Meyer hat natürlich zunächst das Ziel, die Neugier der Kunden auf die veränderte Verkaufsraumgestaltung, die neuen Sortimente und Leistungen des Unternehmens zu wecken.

Mögliche weitere Ziele der Werbung sind:

- Absatzförderung
- Umsatzsteigerung
- Gewinnung von Neukunden
- Erhaltung von Stammkunden
- Erhöhung des Unternehmensimages
- Bekanntmachen von Sortimentserweiterungen
- Vorstellung von Produktneuheiten

©U-Form Verlag – Kopieren verboten!

2.

2.1 Werbeeinschränkungen

Jedes Unternehmen ist bei seiner Werbung verpflichtet, gesetzliche Vorschriften zu beachten, damit für den Mitbewerber keine Wettbewerbsnachteile entstehen und der Verbraucherschutz gewährleistet bleibt.

Zu den wichtigsten Gesetzen, die wesentliche Werbeeinschränkungen enthalten, gehören das **Gesetz gegen den unlauteren Wettbewerb (UWG)**, die **Preisangabenverordnung (PangV)** und das **Gesetz gegen Wettbewerbsbeschränkungen (GWB)**.

Information

Das Gesetz gegen den unlauteren Wettbewerb (UWG) schützt Mitbewerber, Verbraucher und sonstige Marktteilnehmer vor unlauteren geschäftlichen Handlungen und schützt das Interesse der Allgemeinheit an einem unverfälschten Wettbewerb.

Unlauter im Sinne dieses Gesetzes (§ 3 UWG) handelt insbesondere, wer

- geschäftliche Handlungen vornimmt, die nicht der unternehmerischen Sorgfalt entsprechen und geeignet sind, das wirtschaftliche Verhalten des Verbrauchers wesentlich zu beeinflussen (§ 3, Abs. 2 UWG)
- gegenüber Verbrauchern eine der im Anhang des Gesetzes aufgeführten, unzulässigen Handlungen („Schwarze Liste") vornimmt (§ 3, Abs. 3 UWG)
- aggressive geschäftliche Handlungen vornimmt, die geeignet sind, die Entscheidungsfreiheit des Verbrauchers durch Belästigung, Nötigung (einschließlich der Anwendung körperlicher Gewalt), Druck oder unzulässige Beeinflussung zu beeinträchtigen (§ 4a UWG)
- die persönlichen oder geschäftlichen Verhältnisse des Mitbewerbers herabsetzt oder verunglimpft oder ihn in seiner Arbeit gezielt behindert (§ 4, Abs. 1 UWG)
- irreführende geschäftliche Handlungen vornimmt, die geeignet sind, den Verbraucher zu einer Entscheidung zu veranlassen, die er andernfalls nicht getroffen hätte. Eine geschäftliche Handlung ist irreführend, wenn sie unwahre oder sonst zur Täuschung geeignete Angaben enthält (§ 5 UWG)
- durch vergleichende Werbung einen Mitbewerber oder eine von ihm angebotene Ware oder Dienstleistung unmittelbar oder mittelbar erkennen lässt (§ 6, Abs. 1 VWG)

Irreführend handelt, wer dem Verbraucher wesentliche Informationen vorenthält,

- die er benötigt, um eine geschäftliche Entscheidung zu treffen und
- die ihn zu einer geschäftlichen Entscheidung veranlasst, die er andernfalls nicht getroffen hätte.

Als Vorenthalten gilt

- das Verheimlichen wesentlicher Informationen,
- die Bereitstellung wesentlicher Informationen in unklarer, unverständlicher oder zweideutiger Weise,
- die nicht rechtzeitige Bereitstellung wesentlicher Informationen. (§ 5a VWG)

Vergleichende Werbung ist jede Werbung, wenn der Vergleich

- sich nicht auf Waren oder Dienstleistungen für den gleichen Bedarf oder dieselbe Zweckbestimmung bezieht,
- im geschäftlichen Verkehr zu einer Gefahr von Verwechslungen zwischen dem Werbenden und einem Mitbewerber führt
- den Ruf des von einem Mitbewerber verwendeten Kennzeichens in unlauterer Weise ausnutzt oder beeinträchtigt

Fortsetzung der Information auf der nächsten Seite

© U-Form Verlag – Kopieren verboten!

Information

Fortsetzung

- die Waren, Dienstleistungen, Tätigkeiten oder persönlichen oder geschäftlichen Verhältnisse eines Mitbewerbers herabsetzt oder verunglimpft
- eine Ware oder Dienstleistung als Imitation oder Nachahmung einer unter einem geschützten Kennzeichen vertriebenen Ware oder Dienstleistung darstellt (§ 6 UWG).

Unlauter im Sinne des UWG handelt der Werbende auch, wenn er einen Marktteilnehmer in unzumutbarer Weise belästigt. Dies gilt insbesondere für Werbung, wenn erkennbar ist, dass der Empfänger diese Werbung nicht wünscht.

Unlauter ist

- Werbung mit Telefonanrufen gegenüber Verbrauchern ohne deren Einwilligung erfolgt,
- Werbung unter Verwendung einer automatischen Anrufmaschine, eines Faxgerätes oder elektronischer Post ohne ausdrückliche Einwilligung des Adressaten erfolgt,
- Werbung durch Nachrichten erfolgt, welche die Identität des Absenders verschleiern oder verheimlichen. (§ 7 VWG)

Die **Preisangabenverordnung (PangV)** schreibt dem Einzelhändler vor, alle zum Verkauf bestimmten Waren durch eindeutig zuzuordnende Preisschilder auszuzeichnen.

Die Preise sind einschließlich der Umsatzsteuer, mit den üblichen Verkaufseinheiten und Gütebezeichnung anzugeben (siehe auch Lösung 3.10, Wirtschafts- und Sozialkunde).

Das **Gesetz gegen Wettbewerbsbeschränkungen (GWB)** dient der Sicherung und Erhaltung des Wettbewerbs. Nach dem GWB sind grundsätzlich alle Verträge und Absprachen zwischen Unternehmen verboten, die den Wettbewerb verhindern, einschränken oder verfälschen (siehe auch Lösung 3.10, Wirtschafts- und Sozialkunde).

2.2 Werbegrundsätze

Um mit der Werbung eine möglichst große Werbewirkung zu erzielen, muss der Einzelhändler folgende Werbegrundsätze beachten:

Werbewahrheit

Die Werbung muss glaubwürdig sein und den Tatsachen entsprechen. Das UWG verbietet dem Werbenden die irreführende Werbung (siehe auch Lösung 2.1).

Werbewirksamkeit

Werbemittel und Werbeinhalt sollten so gewählt werden, dass sie sich von der Werbung der Mitbewerber deutlich abhebt, den Kunden anspricht und seine Aufmerksamkeit weckt. Dabei ist zu beachten, dass die Werbung regelmäßig erfolgt, da einmalige Werbemaßnahmen meist weniger Erfolg versprechend sind.

Werbeklarheit

Die Werbeaussage soll für den Kunden übersichtlich, klar und leicht verständlich sein.

Werbewirtschaftlichkeit

Die Kosten für die Werbung müssen in einem angemessenen Verhältnis zum Werbeerfolg stehen.

Information

UWG

Das Gesetz gegen den unlauteren Wettbewerb (UWG) gewährleistet den Verbraucherschutz im Wettbewerbsrecht und vereinfacht den grenzüberschreitenden Wirtschaftsverkehr. Die Regelungen des UWG beziehen sich auf die geschäftlichen Handlungen vor, während und nach Vertragsabschluss.

Das UWG beinhaltet einen Katalog (sog. „Schwarze Liste") mit 30 irreführenden und aggressiven geschäftlichen Handlungen, die unter allen Umständen verboten sind. Dadurch wird dem Verbraucher die Durchsetzung seiner Rechte erleichtert.

Verboten sind beispielsweise:

- die unwahre Angabe eines Unternehmers, zu den Unterzeichnern eines Verhaltenskodexes zu gehören;
- die Verwendung von Gütezeichen, Qualitätszeichen oder Ähnlichem ohne die erforderliche Genehmigung;
- sogenannte Lockangebote. Ist die Bevorratung der Ware kürzer als zwei Tage, obliegt es dem Unternehmer, die Angemessenheit nachzuweisen;
- die unwahre Angabe oder das Erwecken des unzutreffenden Eindrucks, eine Ware oder Dienstleistung sei verkehrsfähig;
- die unwahre Angabe oder das Erwecken des unzutreffenden Eindrucks, gesetzlich bestehende Rechte stellten eine Besonderheit des Angebots dar;
- unwahre Angaben über Art und Ausmaß einer Gefahr für die persönliche Sicherheit des Verbrauchers oder seiner Familie für den Fall, dass er die angebotene Ware nicht erwirbt oder die angebotene Dienstleistung nicht in Anspruch nimmt;
- die Einführung, der Betrieb oder die Förderung eines Systems zur Verkaufsförderung, das den Eindruck vermittelt, allein oder hauptsächlich durch die Einführung weiterer Teilnehmer in das System könne eine Vergütung erlangt werden (Schneeball- oder Pyramidensystem);
- die unwahre Angabe, der Unternehmer werde demnächst sein Geschäft aufgeben oder seine Geschäftsräume verlegen;
- die Angabe, durch eine bestimmte Ware oder Dienstleistung ließen sich die Gewinnchancen bei einem Glücksspiel erhöhen;
- eine unwahre Angabe, eine Ware oder Dienstleistung könne Krankheiten, Funktionsstörungen oder Missbildungen heilen (Verstoß gegen das Heilmittelgesetz);
- die Übermittlung von Werbematerial unter Beifügung einer Zahlungsaufforderung, wenn damit der unzutreffende Eindruck vermittelt wird, die beworbene Ware oder Dienstleistung sei bereits bestellt;
- das Erwecken des Eindrucks, der Verbraucher könne bestimmte Räumlichkeiten nicht ohne vorherigen Vertragsabschluss verlassen (Nötigung zum Kauf);
- die in eine Werbung einbezogene unmittelbare Aufforderung an Kinder, selbst die beworbene Ware zu erwerben oder die beworbene Dienstleistung in Anspruch zu nehmen oder ihre Eltern oder andere Erwachsene dazu zu veranlassen.

© U-Form Verlag – Kopieren verboten!

3.

3.1 Bezugsquellenermittlung

Zur Ermittlung günstiger Bezugsquellen dienen:

- unternehmensinterne Lieferantenverzeichnisse und Bezugsquellendateien
- Adressen- und Branchenverzeichnisse
- Suchmaschinen für das Internet
- Gespräche mit Vertretern
- Kataloge und Prospekte von Herstellern
- Anzeigen in Fachzeitschriften
- Informationen von Geschäftsfreunden und Berufsverbänden
- Ausstellungen und Messen

3.2 Bedeutung günstiger Bezugsquellen

Bei der Auswahl der Lieferanten muss der Einzelhändler sehr gewissenhaft vorgehen, da die vereinbarten Preise und die Liefer- und Zahlungskonditionen entscheidenden Einfluss auf seine Kosten haben.

Im Rahmen seiner Kalkulation muss der Einzelhändler zusätzlich seine Handlungskosten und einen angemessenen Gewinnzuschlag berücksichtigen. Günstige Bezugsquellen ermöglichen es dem Einzelhändler daher, seinen Kunden die Ware trotzdem zu attraktiven Preisen anzubieten und sich somit am Markt behaupten zu können.

4. Angebotsvergleich

Um das günstigste Angebot für eine Ware zu ermitteln, führt der Einzelhändler einen Angebotsvergleich durch. Neben dem Preis der Ware und den Liefer- und Zahlungsbedingungen berücksichtigt er außerdem die Zuverlässigkeit des Lieferanten, die durch eine gleich bleibende Qualität, die Einhaltung von Lieferterminen und der zu liefernden Mengen sowie einem guten Kundendienst und eine problemlose Abwicklung von Reklamationen gewährleistet wird.

Im Einzelnen **überprüft er**:

- Listenpreis
- Qualität der Ware
- Bezugskosten (Verpackungs- und Transportkosten)
- Preisnachlässe (Rabatt, Skonto oder Bonus)
- Liefermöglichkeiten/Liefertermine
- Kundendienst
- Abwicklung von Reklamationen

©U-Form Verlag – Kopieren verboten!

5. Werbemittel

- Anzeigen und Inserate in der örtlichen Tageszeitung
- Prospekte
- Werbebriefe
- Handzettel
- Werbesendungen im Radio

Die Werbung muss auf die anzusprechende Zielgruppe und auf die beworbene Ware abgestimmt sein. Darum ist jeweils genau zu überlegen, welches Werbemittel den größten Erfolg verspricht.

Für die Neueröffnung des Warenhauses Meyer sind Prospektbeilagen und Anzeigen in den örtlichen Tageszeitungen und Werbebriefe an Stammkunden geeignet.
Das Verteilen von Handzetteln ist eine weitere kostengünstige Möglichkeit, um Artikel zu bewerben.

Da die Neueröffnung einem möglichst großen Kundenkreis bekannt gemacht werden soll, kann auch eine Werbung im Lokalradio berücksichtigt werden.

6.

6.1 Werbeaussage

Das vorliegende Inserat widerspricht dem Werbegrundsatz der Werbewahrheit, da es eine Werbeaussage beinhaltet, die gegen die Vorschriften des Gesetzes gegen den unlauteren Wettbewerb (UWG) verstößt.

Bei der Werbeaussage: „Preisgarantie: 25 % günstiger als Lederwaren Heinz" handelt es sich um die vom UWG verbotene vergleichende Werbung.

Nach dem UWG ist vergleichende Werbung jede Werbung, die unmittelbar oder mittelbar einen Mitbewerber oder die von einem Mitbewerber angebotenen Waren oder Dienstleistungen erkennbar macht, die zu Verwechslungen führt oder den Mitbewerber herabsetzt oder verunglimpft.

6.2 Werbeerfolgskontrolle

Unter Werbeerfolgskontrolle versteht man die Messung der Wirksamkeit durchgeführter Werbemaßnahmen. Die Kosten für die Werbung sollten dabei immer in einem angemessenen Verhältnis zum Werbeerfolg stehen. Berechnungsgrundlage dafür ist die folgende Formel:

$$\text{Werbeerfolg} = \frac{\text{Umsatzzuwachs}}{\text{Werbekosten}}$$

In der Praxis ist es allerdings schwierig festzustellen, ob ein Umsatzzuwachs ausschließlich auf die Werbemaßnahme zurückzuführen ist, da sich die Werbekosten nicht genau abgrenzen lassen und viele weitere Faktoren Einfluss auf den Umsatz nehmen.

Die Werbeerfolgskontrolle umfasst daher neben der Untersuchung des ökonomischen (wirtschaftlichen) auch den außerökonomischen (nicht wirtschaftlichen) Erfolg

Fortsetzung auf der nächsten Seite

© U-Form Verlag – Kopieren verboten!

6.2 Werbeerfolgskontrolle

Fortsetzung

Mögliche Kriterien zur Feststellung des Werbeerfolgs können sein:

Ökonomische Kriterien:

- Abverkaufszahlen beworbener Artikel
- Umsatzentwicklung
- Höhe des durchschnittlichen Kassenbons
- Kundenfrequenz
- Verhältnis Umsatzzuwachs zu Werbekosten
- Marktanteil

Außerökonomische Kriterien:

- Anzahl der Kundenkontakte
- Auswertung von Meinungsumfragen zu Imagegewinn und Bekanntheitsgrad

---

7.

7.1 Warenkennzeichnung

Bei dem abgebildeten Zeichen handelt es sich um ein **Gütezeichen.**

Gütezeichen sind geschützte Zeichen, die eine Garantie für eine bestimmte Qualität gleichartiger Erzeugnisse gewährleisten. Es handelt sich dabei immer um Gemeinschaftszeichen von Verbänden, in die sich Hersteller gleichartiger Produkte zusammengeschlossen haben.

Gütezeichen werden zentral durch die RAL – Deutsches Institut für Gütesicherung und Kennzeichnung vergeben.

Die Hersteller oder Händler, die dieses Gütezeichen hervorheben, versprechen sich einen höheren Kaufanreiz für ihre Produkte.

7.2 Warenkennzeichnung

Warenzeichen (Markenzeichen) sind Schutzmarken, die der Unterscheidung der eigenen von fremden Waren dient. Durch Eintragung in das Markenregister des Patentamtes wird ein Schutzrecht erlangt, das nur dem eintragenden Unternehmen das Recht zubilligt, Waren der angemeldeten Art, Aufmachung und Verpackung mit dem Markenzeichen zu nutzen (Beispiel: Coca Cola, Miele, Tempo).

Sicherheits- und Prüfzeichen weisen auf die Einhaltung bestimmter Kriterien bzw. sicherheitsrelevanter Eigenschaften eines Produktes hin. Die bekanntesten Prüfzeichen sind die CE-Kennzeichnung und das Zeichen „Geprüfte Sicherheit".

Bei **Umweltzeichen** handelt es sich um staatlich kontrollierte Zeichen, die eine einheitliche Kennzeichnung von Produkten hinsichtlich ihrer Umweltverträglichkeit gewährleisten (z. B. Blauer Engel, Bio-Siegel).

©U-Form Verlag – Kopieren verboten!

8.

Das Schaufenster stellt eines der wichtigsten Werbemittel des Einzelhändlers dar. Es schafft eine unmittelbare Verbindung zum Geschäft und gibt ihm ein werbewirksames Aussehen.

8.1 Schaufensterarten

Die attraktive Präsentation der Ware im Schaufenster ist eine wichtige Voraussetzung für dessen Werbewirksamkeit.

Die Schaufenstergestaltung unter dem Motto „Urlaub und Reisen" stellt ein Stimmungsfenster dar.

Stimmungsfenster
Die Präsentation der Ware steht unter einem bestimmten Motto bzw. Motiv (z. B. Karneval, Weihnachten, Ostern, etc.), das dem Kunden eine bestimmte Stimmung vermitteln und Wünsche wecken soll.

Zwei weitere Schaufensterarten sind:

Übersichtsfenster
Es werden Waren unterschiedlicher Warengruppen präsentiert. Dem Kunden wird somit ein Überblick über das Sortiment des Einzelhandelsbetriebes ermöglicht.

Stapelfenster
Es werden stapelfähige Waren (z. B. Dosen, Waschmittel, Handtücher) präsentiert. Diese Art der Warenpräsentation vermittelt dem Kunden, dass in diesem Geschäft große Warenmengen zu günstigen Preisen erhältlich sind.

8.2 Ziele der Schaufensterpräsentation

Mit der Warenpräsentation im Schaufenster verfolgt der Einzelhändler folgende Ziele:

- Aufmerksamkeit und Interesse der Kunden wecken,
- Überblick über das Sortiment und die Leistungsfähigkeit des Geschäftes schaffen,
- Kunden zum Betreten des Geschäfts animieren und
- Kunden zum Kauf bewegen.

© U-Form Verlag – Kopieren verboten!

1.05

1. Anforderungsprofil

Häufig entscheidet der erste Eindruck des Kunden über seine spätere Kaufentscheidung. Das gilt nicht nur für die Verkaufsraumgestaltung, sondern auch im Besonderen für das Auftreten des Verkäufers gegenüber dem Kunden.

Nur zufriedene Kunden können dauerhaft an das Unternehmen gebunden werden. Dafür ist ein konsequent kundenorientiertes Verhalten die Voraussetzung.

Um den Kundenanforderungen zu entsprechen, sollte der Verkäufer im Hinblick auf sein Erscheinungsbild, seine Sprache und sein Verhalten folgende Anforderungen erfüllen:

Erscheinungsbild
Der Verkäufer sollte versuchen, durch regelmäßige Körperpflege und die richtige Auswahl einer zweckmäßigen und gepflegten Kleidung, die zum Stil des Geschäfts passt, einen guten Eindruck auf den Kunden zu machen.

Sprache
Für den Verkäufer stellt die Sprache das wirksamste Verkaufsinstrument dar. Daher ist eine deutliche Aussprache, ein umfangreicher Wortschatz, eine sorgfältige Wortwahl und ein angemessenes Sprachniveau Voraussetzung für ein erfolgreiches Verkaufsgespräch.

Verhalten
Gute Umgangsformen helfen dem Verkäufer dabei, das Vertrauen des Kunden zu gewinnen und eine angenehme Kaufatmosphäre zu schaffen. Zu den wichtigsten Eigenschaften, die der Verkäufer dafür besitzen muss, zählen: Freundlichkeit, Höflichkeit, Ehrlichkeit, Engagement, Taktgefühl, Geduld und das Interesse am Kunden.

2. Kundenansprüche

Ansprüche an die Ware sind u. a.:

- gute Qualität
- angemessener Preis
- Zweckmäßigkeit

Ansprüche an den Einzelhandelsbetrieb sind u. a.:

- bedarfsorientiertes Sortiment
- übersichtliche und ansprechende Warenpräsentation
- angenehme und erlebnisorientierte Kaufatmosphäre
- fachkundige Beratung
- freundliches, hilfsbereites Personal
- zuverlässige Produktinformationen
- umfangreiche Serviceleistungen
- problemlose Abwicklung von Reklamationen

Kaufwunsch

Der Kaufwunsch jedes Kunden ist der Ausdruck eines Bedürfnisses, das er befriedigen möchte. Damit aus seinem Wunsch zu kaufen tatsächlich eine Kaufentscheidung wird, müssen die Ware und der Einzelhandelsbetrieb die Ansprüche des Kunden erfüllen.

©U-Form Verlag – Kopieren verboten!

3. Fachkundige Beratung

Grundlage einer fachkundigen Beratung und damit eines erfolgreichen Verkaufsgesprächs sind:

- umfassende Waren- und Sortimentskenntnisse,
- gute Kenntnisse des eigenen Betriebs und dessen Arbeitsabläufe,
- Kenntnisse einzelhandelsrelevanter Gesetze,
- Menschenkenntnisse,
- Kenntnisse der Verkaufs- und Argumentationstechniken.

4. Informationsquellen Warenkunde

Wichtige Informationsquellen über die Eigenschaften der Ware sind:

- Betrachten, Prüfen und Ausprobieren der Ware,
- Lesen der Gebrauchsanweisungen,
- Informationen durch Fachzeitschriften und Fachbücher,
- Testberichte von Verbraucherverbänden oder Warenprüfungsinstituten,
- Aufklärungsschriften, Prospekte, Broschüren und Werbeschriften der Hersteller,
- warenkundliche Filme, Videos, DVD,
- Veröffentlichungen im Internet,
- Gespräche mit Vertretern der Hersteller,
- Besuch von Fachmessen.

5. Fragetechnik

Die Beherrschung und der Einsatz einer richtigen und gezielten Fragetechnik erleichtert dem Verkäufer die Bedarfsermittlung, unterstützt den Kunden bei seiner Kaufentscheidung und verkürzt damit das Verkaufsgespräch.

Man unterscheidet zwischen Erkundungs-, Entscheidungs- und Suggestivfragen.

Die **Erkundungsfrage** hilft dem Verkäufer, die erforderlichen Informationen vom Kunden zu erhalten, die er für die Bedarfsermittlung und eine gezielte Warenauswahl benötigt.

Man spricht in diesem Zusammenhang auch von der **W-Frage** oder der **offenen Frage**. Durch das Nutzen der Fragewörter wie, wo, was, womit, welche etc. kann der Kunde nicht mit ja oder nein antworten, sondern muss seine Vorstellungen von der Ware genau beschreiben.

Beispiele für Erkundungsfragen in wörtlicher Rede:

- „Womit kann ich Ihnen helfen?"
- „Für welchen Zweck ist die Ware bestimmt?"
- „Welche Funktionen soll die Ware haben?"
- „Zu welchem Kleidungsstil soll die Handtasche passen?"

Fortsetzung auf der nächsten Seite

© U-Form Verlag – Kopieren verboten!

5. Fragetechnik

Fortsetzung

Die **Entscheidungsfrage** oder Alternativfrage hingegen fordert den Kunden gezielt auf, eine Entscheidung zu treffen. Sie wird meist zur Herbeiführung des Kaufentschlusses genutzt.

Beispiele für Entscheidungsfragen in wörtlicher Rede:

- „Soll es eine Tasche aus echtem Leder oder einem Lederimitat sein?"
- „Bevorzugen Sie die braune oder die schwarze Geldbörse?"
- „Wie viele Koffergurte benötigen Sie?"

Durch die **Suggestivfrage** versucht der Verkäufer die Entscheidung des Kunden zu beeinflussen. Der Verkäufer legt dem Kunden die gewünschte Antwort sozusagen in den Mund. Richtig angewendet kann sie verkaufsfördernd wirken.

Beispiele für Suggestivfragen in wörtlicher Rede:

- „Sie bevorzugen wahrscheinlich einen Rucksack aus einem Wasser abweisenden Material?"
- „Sie möchten sicherlich eine Geldbörse aus Leder?"
- „Sie benötigen bestimmt auch ein passendes Schüleretui zum Schulranzen?"

6. Zusatzverkauf

Der **Zusatzverkauf** stellt für den Einzelhändler ein wichtiges Mittel zur Umsatzsteigerung dar. Dabei wird zwischen dem Anschluss- und dem Erweiterungskauf unterschieden.

Beim **Anschlusskauf** handelt es sich um den Verkauf von Artikeln, die den Hauptkauf ergänzen oder aufwerten.

Beim **Erweiterungskauf** hingegen handelt es sich um den Verkauf zusätzlicher Ware, die in keinem unmittelbaren Zusammenhang zu dem Hauptartikel steht, wie z. B. Sonderangebote, Produktneuheiten, Spezialitäten etc., die der Verkäufer dem Kunden angeboten hat.

Voraussetzung für die erfolgreiche Durchführung eines Zusatzverkaufs ist, dass der Verkäufer

- umfassende Sortimentskenntnisse hat,
- weiß, welche Artikel den Hauptkauf ergänzen oder
- sich als Zusatzempfehlung eignen und
- den richtigen Zeitpunkt erkennt, an dem der Zusatzverkauf am besten durchzuführen ist.

©U-Form Verlag – Kopieren verboten!

7.

7.1 Kundensignale

Beim Vorwahlsystem wird die Ware dem Kunden so präsentiert, dass sie leicht zugänglich ist und ihm einen guten Überblick über das Sortiment verschafft. Der Kunde kann die Ware in Ruhe begutachten, aus- und anprobieren und eine Vorauswahl treffen.
Eine Beratung durch den Verkäufer findet nur auf seinen Wunsch hin statt. Der Verkäufer muss den Kunden beobachten und den richtigen Zeitpunkt für die Kontaktaufnahme durch die Bewertung der Kundensignale erkennen.

Kundensignale können sein:

- ein suchender oder fragender Blick
- unschlüssige oder unsichere Haltung
- intensive Beschäftigung mit einem Artikel
- Lesen von Gebrauchsanweisungen oder Informationsmaterial
- offensichtliches Interesse an der Ware

7.2 Kontaktaufnahme

Neben dem richtigen Zeitpunkt ist auch die richtige – der Situation entsprechende – Kontaktaufnahme entscheidend für den Verkaufserfolg.

Beispiele der Kontaktaufnahme in wörtlicher Rede:

- „Dieser Rucksack ist durch seine vielen Fächer besonders praktisch."
- „Diese Geldbörse aus echtem Leder wirkt sehr edel."
- „Probieren Sie einmal aus, wie leicht dieser Schulranzen ist."
- „Dieser Schirm lässt sich sehr leicht durch nur einen Knopfdruck öffnen."

 © U-Form Verlag – Kopieren verboten!

1.06

1.

1.1 AIDA-Formel

Die psychischen Phasen, die der Kunde während eines Verkaufsgesprächs durchläuft, können mit Hilfe der verwendeten Buchstaben der **AIDA-Formel** erklärt werden.

A steht für **attention**, d. h. zunächst muss die Aufmerksamkeit des Kunden für eine Ware, eine Warengruppe gewonnen werden.
I steht für **interest**, d. h. das Interesse des Kunden an einer Ware wird geweckt.
D steht für **desire**, d. h. beim Kunden entsteht der Wunsch die Ware zu besitzen.
A steht für **action**, d. h. der Kaufentschluss entsteht, die Ware wird gekauft.

Diese Formel bildet die Grundlage jedes Verkaufsgesprächs und ist auch in der Werbung von großer Bedeutung.

1.2 Phasen des Verkaufsgesprächs

Der Ablauf eines Verkaufsgesprächs ist natürlich immer abhängig von der jeweiligen Verkaufssituation. Ein erfolgreiches Gespräch sollte trotzdem einem systematischen Aufbau folgen.

Das Verkaufsgespräch läuft üblicherweise in den folgenden 6 Phasen ab:

1. Kontaktaufnahme
2. Bedarfsermittlung
3. Warenvorlage und Beratung
4. Nennung des Preises
5. Behandlung von Kundeneinwänden
6. Herbeiführung des Kaufabschlusses

Im Mittelpunkt des Verkaufsgespräches sollten dabei immer die Kaufmotive des Kunden stehen, damit die Verkaufsargumente auf die Erwartungen und Wünsche des Kunden abzielen.

2.

Beim Geschenkkauf handelt es sich meist um einen Beratungskauf, bei dem der Kunde den Rat des Verkäufers in Anspruch nimmt. Diese Verkaufsgespräche stellen besondere Anforderungen an den Verkäufer, da er nicht nur die Ansprüche des Geschenkkäufers, sondern auch die des Geschenkempfängers ermitteln muss.
Durch eine gezielte Bedarfsermittlung beschafft er sich die notwendigen Informationen, um dem Kunden Vorschläge unterbreiten und eine geeignete Auswahl an Waren präsentieren zu können.

2.1 Bedarfsermittlung

Beispiel: „ Zu welchem Anlass möchten Sie Ihre Freundin beschenken, Frau Huber?"

2.2 Bedarfsermittlung

Weitere Informationen erhält der Verkäufer durch Fragen nach dem Alter, dem Geschlecht, dem Aussehen, dem Geschmack, den Vorlieben oder Hobbys des Geschenkempfängers und dem Verwendungszweck.

©U-Form Verlag – Kopieren verboten!

3.

3.1 Grundsätze der Warenvorlage

Eine wirkungsvolle Warenvorlage soll dem Kunden die Kaufentscheidung erleichtern sowie das Verkaufsgespräch vereinfachen und damit verkürzen.

Der Verkäufer sollte dabei folgende **Grundsätze der Warenvorlage** beachten:

- Die vorgelegte Ware sollte keine Mängel aufweisen und den Kundenerwartungen entsprechen.
- Die Anzahl der vorzulegenden Artikel ist zwar häufig situationsabhängig und hängt von der Art des Geschäfts ab. Sie sollte dem Kunden aber immer eine geeignete Auswahl bieten und ihm einen Sortimentsüberblick verschaffen. Sinnvoll erscheint eine Auswahl von drei bis fünf Artikeln.
- Waren, die der Kunde offensichtlich ablehnt, sollten wieder zur Seite gelegt werden.
- Der Verkäufer sollte in der Regel mit Artikeln der mittleren Preislage beginnen, damit ihm ein Handlungsspielraum in eine höhere oder eine niedrigere Preislage bleibt.
- Während der Warenvorlage sollte der Verkäufer möglichst viele Sinne des Kunden ansprechen. Das bedeutet, er lässt den Kunden die Ware, wenn möglich, anfassen, an- und ausprobieren, kosten etc.
- Während der Warenvorlage werden die Verkaufsargumente bezogen auf die Kundenerwartungen genannt und die Besonderheiten der Ware herausgestellt.

3.2 Nonverbale Kundensignale

Kunden zeigen häufig nur durch ihr Verhalten, ob die vorgelegte Ware ihre Zustimmung findet.

Solche **nonverbalen Äußerungen können sein**:

- zustimmendes Kopfnicken,
- Ware wird wiederholt in die Hand genommen und betrachtet,
- Ware wird ein weiteres Mal aus- oder anprobiert,
- Kopfschütteln,
- Stirnrunzeln,
- der Kunde wendet sich ab oder weicht ein Stück zurück,
- der Kunde schaut sich suchend nach anderen Produkten um.

4.

4.1 Preisnennung

Beispiel einer möglichen Antwort in wörtlicher Rede:

„Diese Geldbörse aus echtem Leder kostet 69,90 €. Die Prägung auf der Verschlussklappe macht sie besonders edel."

„Diese Geldbörse mit viel Platz für Bank- und Kreditkarten kostet 49,90 €. Außerdem befindet sich im Inneren ein mit einem Reißverschluss verschließbares Geldscheinfach."

Fortsetzung auf der nächsten Seite

© U-Form Verlag – Kopieren verboten!

4.2 Preisnennung im Verlauf des Verkaufsgesprächs

Generell sollte der Preis einer Ware erst dann angegeben werden, wenn dem Kunden die wesentlichen Vorteile und damit der Wert der Ware bekannt sind und er weiß, welchen Gegenwert er für sein Geld erhält. Die Preisnennung sollte jedoch nicht den Schluss des Verkaufsgesprächs bilden, da die letzte Äußerung dem Kunden besonders stark in Erinnerung bleibt. Stattdessen sollten einige wesentliche Verkaufsargumente den Abschluss des Gesprächs bilden, die den Wert der Ware und dadurch die Angemessenheit des Preises noch einmal unterstreichen.

4.3 Sandwich-Methode

Die Sandwich-Methode besagt, dass der Verkäufer dem Kunden unmittelbar vor und nach der Preisnennung noch einmal die wesentlichen Verkaufsargumente nennt. Der Preis wird sozusagen verpackt und tritt dabei gegenüber den Verkaufsargumenten in den Hintergrund.

5.

5.1 Ja-Aber-Methode

Die **Ja-Aber-Methode** ist ein Verfahren, um Kundeneinwänden zu begegnen. Dabei hört der Verkäufer dem Kunden zunächst ruhig zu, ohne ihn zu unterbrechen. Anschließend greift er den Einwand in abgemilderter Form auf und äußert Verständnis für die Argumente des Kunden. Mit dem Hinweis auf die Produktvorteile versucht er dann, den Kundeneinwand zu entkräften. Dabei ist es wichtig, dass der Verkäufer immer ruhig und sachlich argumentiert.

Mögliches Beispiel einer Antwort in wörtlicher Rede:

„**Ja**, ich gebe Ihnen Recht, das Öffnen der Geldbörse dauert vielleicht ein wenig länger, **aber** dafür bietet sie viel Platz für Bank- und Kreditkarten und der Inhalt ist sicher verschlossen und kann nicht herausfallen."

5.2 Behandlung von Kundeneinwänden

Weitere Methoden, um auf Kundeneinwände einzugehen, sind die Vorteil-/Nachteil-, die Gegenfrage- und die Umkehrmethode.

Bei der **Vorteil-Nachteil-Methode** greift der Verkäufer den Aufwand auf und wägt die Vor- und Nachteile ab.

Beispiel:
„Der Einwand ist berechtigt, das Öffnen ist ein wenig aufwendiger, dafür bietet Ihnen der Reißverschluss gegenüber den anderen Modellen den Vorteil, dass der Inhalt vor dem Herausfallen geschützt ist."

Bei der **Methode der Gegenfrage** antwortet der Verkäufer auf den Kundeneinwand mit einer Gegenfrage. Dadurch fordert der Verkäufer den Kunden auf, seinen Einwand zu präzisieren.

Beispiel:
„Ihr Argument ist berechtigt. Sagten Sie aber nicht vorhin, dass Sie eine Geldbörse suchen, die viel Platz für Ihre Bank- und Kreditkarten bietet? Diese Geldbörse hat 10 Kartenfächer und lässt sich durch den Reißverschluss sicher verschließen."

Fortsetzung auf der nächsten Seite

©U-Form Verlag – Kopieren verboten!

5.2 Behandlung von Kundeneinwänden

Fortsetzung

Bei der **Umkehrmethode** wandelt der Verkäufer den Kundeneinwand sofort in ein Verkaufsargument um, das er dem Kunden entgegenhält.

Beispiel:
„Dafür bietet Ihnen die Geldbörse ein hohes Maß an Sicherheit. Durch den Reißverschluss ist der Inhalt vor dem Herausfallen geschützt."

6. Kaufentscheidung herbeiführen

Insbesondere beim Geschenkkauf fällt dem Kunden die Kaufentscheidung oft schwer.

Der Verkäufer hat folgende **Möglichkeiten, den Entscheidungsprozess des Kunden zu unterstützen**:

Er kann

- die Auswahl einengen,
- die wichtigsten Verkaufsargumente noch einmal deutlich herausstellen,
- ein Umtauschrecht einräumen,
- dem Kunden eine mögliche Auswahl mitgeben,
- das Ausstellen eines Geschenkgutscheins vorschlagen, wenn der Kunde keine Entscheidung treffen kann,
- Serviceleistungen anbieten (z. B. Einpack-, Zustellservice).

7. Kundenkarte

Die Ausgabe von Kundenkarten stellt ein Instrument der **Kundenbindung** dar.

Für den Einzelhändler wird es im heutigen Wettbewerb zunehmend schwerer, neue Kunden zu gewinnen. Daher muss er seiner Kundenpflege besondere Aufmerksamkeit schenken.

Viele Unternehmen bieten darum sogenannte Kundenkarten an, um den Kunden durch den Vorteil von Preisnachlässen (Rabatte) oder Rückvergütungen (Boni) dazu zu bewegen, immer wieder bei diesen Unternehmen einzukaufen.

Häufig ist die Ausgabe der Karten mit einem zusätzlichen Kundenservice verbunden (z. B. Informationen über Werbemaßnahmen, Sonderaktionen, neue Produkte, besondere Events u. a.), so dass dem Kunden das Gefühl von Exklusivität vermittelt wird.

Durch das Antragsformular erhält der Einzelhändler außerdem wichtige Informationen über seine Kunden, kann eine Kundendatei anlegen und seine künftigen Werbemaßnahmen darauf abstimmen.

© U-Form Verlag – Kopieren verboten!

1.07

1. Verhalten beim Kassiervorgang

Folgende Aspekte gehören zu einem freundlichen und kundenorientierten Verhalten:

- Der Kassierer sollte Blickkontakt mit dem Kunden aufnehmen und
- jeden Kunden an der Kasse freundlich begrüßen.
- Wenn es möglich ist, sollten Kunden mit ihrem Namen angesprochen werden (Stammkunden).
- Die gekaufte Ware ist sorgfältig zu behandeln und
- auf Wunsch des Kunden als Geschenk zu verpacken.
- Der Kassierer sollte sich für den Kauf bedanken und die Kaufentscheidung des Kunden noch einmal bestätigen.
- Zahlt der Kunde mit einer Kredit- oder Bankkarte, hat der Kassierer die Möglichkeit, den Kunden mit seinem Namen anzusprechen.
- Der Kunde wird freundlich verabschiedet.

Die Kassiertätigkeit ist verantwortungsvoll und erfordert neben Konzentration und Zuverlässigkeit gute verkaufspsychologische Kenntnisse des Verkäufers.
Durch sein positives Verhalten kann er erreichen, dass der Kunde den Einkauf in guter Erinnerung behält und er somit an das Geschäft gebunden wird.

2. Vorteile von Datenkassen

Der Einsatz eines computergestützten Warenwirtschaftssystems mit den angeschlossenen Scannerkassen dient dem Einzelhändler vor allem zur Überwachung und Steuerung der Warenbewegungen (Bestellwesen, Wareneingang, Warenausgang, Lagerhaltung).

Der Einsatz eines solchen Kassensystems bietet aber auch dem Kunden unmittelbar Vorteile.

Scannerkassen gewährleisten u. a.:

- eine schnelle Abwicklung des Kassiervorgangs und damit kurze Wartezeiten für den Kunden,
- eine korrekte Kassenabrechnung durch die Vermeidung von Eingabefehlern,
- eine verbesserte Kontrollmöglichkeit durch einen informativen und aussagekräftigen Kassenbeleg,
- ein kunden- und bedarfsgerechtes Sortiment durch die artikelgenaue Erfassung der Abverkaufszahlen.

3. Kassiervorgang im girocard-System

Die **Kassiervorgänge im girocard-System** erfolgen in folgenden Schritten:

1. Der Verkäufer scannt den Strichcode des Artikels ein.
2. Das System ermittelt den Preis des Artikels und zeigt die Kaufsumme an.
3. Der Verkäufer nennt den zu zahlenden Betrag und bittet den Kunden um seine girocard.
4. Die Karte wird in das Lesegerät gesteckt.
5. Der Kunde wird zur Eingabe und Bestätigung seiner PIN aufgefordert.
6. Das System überprüft online die eingegebenen Identifikationsdaten des Kunden.
7. Der Kassenbeleg wird ausgedruckt.
8. Übergabe und evtl. Verpacken der Ware mit dem zugehörigen Kassenbeleg.

4. Vorteile des girocard-Systems

Im Einzelhandel spielt neben der Barzahlung die bargeldlose Zahlung durch das girocard-System (POS-System) eine immer größere Rolle, da sie sowohl dem Kunden als auch dem Einzelhändler viele Vorteile bietet.

Für den Kunden ist die Zahlung mit der girocard sehr bequem, da er nicht mehr auf Bargeld angewiesen ist, sondern stattdessen mit seiner girocard und seiner PIN (Persönlichen Identifikationsnummer) bezahlen kann. Das Verlust- und das Diebstahlrisiko wird dadurch deutlich vermindert, die Wartezeiten an der Kasse verkürzen sich und Spontankäufe werden für ihn leichter möglich.

Dem Einzelhändler bietet diese Form der Zahlung eine große Zahlungssicherheit, da das entsprechende Kreditinstitut nach der Onlineprüfung der Identifikationsdaten des Kunden eine Zahlungsgarantie übernimmt. Der Kassiervorgang wird beschleunigt, der Bargeldbestand der Kassen und das Risiko von Kassenfehlbeträgen verringern sich. Außerdem besteht die Möglichkeit der Umsatzsteigerung durch Spontan- oder Mehrkäufe der Kunden.

5.

5.1 Umtausch

Der Einzelhändler ist gesetzlich nicht zum Umtausch einwandfreier Ware verpflichtet. Er tut dies im jeweiligen Einzelfall, um den Kunden nicht zu verlieren und das positive Image seines Geschäftes zu erhalten. Die Möglichkeit zum Umtausch von Waren stellt eine Serviceleistung des Unternehmens dar und dient als Instrument der Kundenbindung.

Vor dem Umtausch der Ware sollte der Verkäufer überprüfen, ob:

- die Ware in seinem Geschäft gekauft wurde, indem er den Kassenbeleg überprüft,
- die Ware sich in einem einwandfreien Zustand befindet und nicht beschädigt, verschmutzt oder bereits benutzt wurde,
- die Ware nicht grundsätzlich vom Umtausch ausgeschlossen ist (z. B. Hygieneartikel).

Unter **Kulanz** versteht man das freiwillige Entgegenkommen des Unternehmens ohne gesetzliche oder vertragliche Bindung.

5.2 Umtausch im Warenwirtschaftssystem

Der Artikel muss über das Kassensystem wieder in den Warenbestand des Warenwirtschaftssystems aufgenommen werden, um den korrekten Warenbestand zu erhalten, damit Inventurdifferenzen vermieden werden.

5.3 Ermittlung des Zahlungsbetrages

Zur Ermittlung des noch tatsächlich zu zahlenden Betrages muss zunächst die Summe der Preise der gekauften Artikel ermittelt werden. Anschließend wird der Betrag des umgetauschten Artikels und der Wert des Geschenkgutschein verrechnet und von der Summe abgezogen.

	Aktenkoffer „Trendy“	69,90 €
+	Dokumentenmappe	29,90 €
=	Summe	99,80 €
–	Aktenkoffer „Busy“ lt. Kassenbon	49,90 €
–	Geschenkgutschein	40,00 €
=	zu zahlender Betrag	**9,90 €**

Der Kunde muss nach der Verrechnung aller Positionen tatsächlich noch **9,90 €** zahlen.

€	ct	
9	9	0

© U-Form Verlag – Kopieren verboten!

6. Sicherheitsmerkmale der Euro-Banknoten

In die Euro-Banknoten sind eine Vielzahl von Sicherheitsmerkmalen eingearbeitet, die es ermöglichen, sie auf ihre Echtheit hin zu überprüfen.

Im Folgenden sind wesentlichen Merkmale aufgeführt:

Sicherheitsmerkmale der Euro-Banknote

- Bei dem Banknotenpapier handelt es sich um ein **Spezialpapier**, daher fühlt sich der Geldschein griffig und fest an.
- Durch ein besonderes Druckverfahren (Stichtiefdruckverfahren) wird am linken und rechten Rand der Vorderseite ein ertastbares **Relief** erzeugt. Anhand dieses Reliefs können auch Personen mit Sehbehinderung die einzelnen Banknotenwerte gut unterscheiden. Auch das Hauptmotiv, die Schrift und die große Wertzahl sind durch ein Relief ertastbar.
- Wird die Banknote gegen das Licht gehalten, erscheint der bei der Papierproduktion eingearbeitete **Sicherheitsfaden**, auf dem abwechselnd in kleiner Schrift das €-Symbol und die Wertzahl der Banknote zu sehen sind.
- Im **Wasserzeichen** werden bei der ersten Banknoten-Serie das Hauptmotiv und die Wertzahl der Banknote, bei der Europa-Serie (2. Serie) das Porträt der Europa, das Hauptmotiv sowie die Wertzahl auf beiden Seiten des unbedruckten Bereichs sichtbar.
- Die **Smaragd-Zahl** ist eine glänzende Zahl auf der Vorderseite der Banknote, die ihre Farbe beim Kippen des Scheins von Smaragdgrün zu Tiefblau verändert.
- Das **Hologramm** ist ein silberfarbener Streifen auf der rechten Vorderseite. Es zeigt das „€"-Symbol, ein Architekturmotiv und mehrfach die Wertzahl der Banknote.
- Das **Porträt-Fenster** am oberen Rand des Hologramms der 20-Euro- und der 50-Euro-Banknote wird beim Betrachten gegen das Licht durchsichtig und das Porträt der Europa sichtbar.
- An verschiedenen Stellen im Motiv der Banknote befindet sich eine **Mikroschrift**, die jedoch nur unter einer Lupe zu erkennen ist. Im Geschäftsalltag ist dies Sicherheitsmerkmal damit kaum nutzbar.
- Fluoreszierende Farben und Fasern im Papier ermöglichen die Überprüfung der folgenden Merkmale unter **Standard-UV-Licht**:
  - Das Banknotenpapier selbst leuchtet nicht und bleibt unter der UV-Beleuchtung dunkel.
  - Die in das Papier eingearbeiteten Fasern fluoreszieren und weisen drei verschiedene Farben auf.
  - Die Sterne der EU-Flagge, die kleinen Kreise und die großen Sterne leuchten gelb.
  - Mehrere andere Stellen fluoreszieren ebenfalls gelb.
- Unter besonderem **UV-Licht (UV-C)** leuchten auf der Vorderseite die kleinen Kreise in der Banknotenmitte gelb, die großen Sterne und mehrere andere Stellen orange und das „€"-Symbol wird sichtbar.
- Auf der Vorderseite sind unter **Infrarotlicht** lediglich die Smaragd-Zahl, die rechte Seite des Hauptmotivs und der silberne Streifen zu erkennen. Auf der Rückseite sind nur noch die Wertzahl und die horizontal verlaufende Seriennummer zu sehen.

Fortsetzung auf der nächsten Seite

©U-Form Verlag – Kopieren verboten!

6. Sicherheitsmerkmale der Euro-Banknoten

Fortsetzung

Hinweis:

Die Europäische Zentralbank bringt nach und nach neue Euro-Banknoten in Umlauf. Die Einführung erfolgt schrittweise in aufsteigender Reihenfolge.

Begonnen wurde im Mai 2013 mit dem 5-Euro-Schein, im September 2014 erschien die neue 10-Euro-Note, im November 2015 die neue 20-Euro-Note und im April 2017 wurde die neue 50-Euro-Note in Umlauf gebracht.

Die Einführung der neuen 100- und 200-Euro-Note ist für Ende 2018 angekündigt.

Die bisherigen Banknoten behalten natürlich ihre Gültigkeit, werden jedoch nach und nach von den Zentralbanken durch die neuen Banknoten ersetzt.

Die 500-Euro-Note wird ab Ende 2018 nicht mehr gedruckt, bleibt aber natürlich weiterhin ein gesetzliches Zahlungsmittel.

7. Auswertungen der Datenkassen

Die Scannerkassen ermöglichen dem Einzelhändler den Abruf verschiedener Auswertungen und Informationen über:

- die genaue Höhe der Warenumsätze bezogen auf die Stückzahl und die einzelnen Warengruppen,
- die zeitliche Verteilung des Warenumsatz über den Verkaufstag,
- die Anzahl der Warenrückläufe,
- die Kundenzahlen,
- den genauen Bargeldsollbestand,
- die genaue Höhe der Zahlungen je Zahlungsart (z. B. Gutscheine, Bank-, Kredit- und Kundenkarte),
- die Häufigkeit von Fehlbedienungen (Bon-Abbruch, Bon-Storno).

© U-Form Verlag – Kopieren verboten!

1.08

1. Kundenbeschwerde

Beispiele einer möglichen Antwort in wörtlicher Rede:

„Es tut mir sehr leid, dass die Ware nicht Ihren Erwartungen entspricht. Darf ich Sie bitten, mir an die Verkaufstheke zu folgen."

alternativ

„Darf ich Sie in unser Büro bitten, dort kann ich Ihnen ungestört zuhören und wir können gemeinsam eine Lösung finden."

2. Verhaltensweisen bei Kundenreklamationen

Folgende Verhaltensweisen sind Grundlage einer erfolgreichen Behandlung von Kundenreklamationen:

Der Verkäufer

- bittet den Kunden höflich in eine ruhige Ecke des Verkaufsraumes oder in einen Nebenraum, um den Geschäftsablauf nicht zu stören und um peinliches Aufsehen zu vermeiden,
- lässt den Kunden ruhig ausreden,
- hört aufmerksam und interessiert der Beschwerde des Kunden zu,
- bringt sein Bedauern zum Ausdruck und entschuldigt sich beim Kunden für die Unannehmlichkeiten,
- unterbreitet Vorschläge, die den Kunden zufriedenstellen.

Die wichtigste Voraussetzung für eine problemlose Abwicklung einer Reklamation ist die Freundlichkeit und die Unvoreingenommenheit des Verkäufers.

Eine unkomplizierte und kulante Abwicklung einer Reklamation stellt eine Serviceleistung des Unternehmens dar und dient damit auch als wichtiges Instrument der Kundenbindung.

3.

Beim Kaufvertrag zwischen einer Privatperson (als Käufer) und einem Unternehmer (als Verkäufer) handelt es sich um einen Verbrauchsgüterkauf.

Die Sachmängelhaftung ist ein gesetzlich geregelter Schutz des Käufers beim Kauf eines mangelhaften Gegenstandes.

Mangelhaft ist eine Ware, wenn eine zugesicherte Eigenschaft fehlt, die Ware beschädigt ist, eine andere als die vereinbarte Ware oder zuwenig Ware geliefert wurde.

3.1 Mangelhafte Lieferung

Die Rechte des Käufers aus einer mangelhaften Lieferung sind im Bürgerlichen Gesetzbuch geregelt.

Fortsetzung auf der nächsten Seite

©U-Form Verlag – Kopieren verboten!

3.2 Rechte aus der mangelhaften Lieferung

Bei einer berechtigten Mängelrüge kann der Käufer innerhalb einer angemessenen Frist folgende Rechte in Anspruch nehmen:

Der Käufer kann **Nacherfüllung** verlangen, das bedeutet, er kann zwischen

- **Nachbesserung**, sprich der Beseitigung des Mangels oder
- **Nachlieferung**, sprich der Ersatzlieferung

wählen.

Der Verkäufer hat zweimal Gelegenheit, den Mangel zu beseitigen. Gelingt dies nicht, gilt die Nachbesserung als fehlgeschlagen und der Käufer kann wahlweise folgende Rechte in Anspruch nehmen:

- **Preisminderung**
- **Rücktritt vom Kaufvertrag**
- **Schadenersatz statt Leistung** (kann nur dann verlangt werden, wenn dem Käufer tatsächlich ein Schaden entstanden ist, z. B. durch einen notwendigen Deckungskauf).
- **Ersatz vergeblicher Aufwendungen** (dazu zählen Aufwendungen, die der Käufer nachweislich in dem Vertrauen gemacht hat, die bestellte Ware zu erhalten)

Bei einem geringfügigen Mangel ist der Rücktritt vom Kaufvertrag, Schadenersatz statt Leistung oder Ersatz vergeblicher Aufwendungen nicht möglich (siehe auch Lösung 2.16 und 2.17 Warenwirtschaft und Rechnungswesen).

4. Rechte aus der mangelhaften Lieferung

Zu den Pflichten des Verkäufers aus dem Kaufvertrag gehört es, dem Käufer eine mangelfreie Ware zu liefern. Dies gilt auch beim Verkauf preisreduzierter Ware. Der Kunde hat daher natürlich Anspruch auf die Erfüllung des Kaufvertrages und der daraus entstehenden Rechte.

Die Ansprüche des Kunden Herrn Kuhn dürfen nicht zurückgewiesen werden.

Bittet ein Kunde hingegen um den Umtausch einwandfreier Ware, liegt es im Ermessen des Einzelhändlers, diesem Wunsch nachzukommen. Eine rechtliche Verpflichtung zum Umtausch mangelfreier Ware besteht nicht.

5. Bearbeitung von Reklamationen

Mögliche Lösungen für die Abwicklung der Kundenreklamation:

- Sie schlagen dem Kunden, Herrn Kuhn, vor, die mangelhafte Reisetasche gegen eine einwandfreie Tasche umzutauschen und übergeben ihm als kleinen „Trost" zum Beispiel einen „Kaffeegutschein" für das hausinterne Restaurant.
- Ist die Ware aus dem Angebot nicht mehr vorrätig, bieten Sie ihm eine vergleichbare Reisetasche eines anderen Herstellers an, wobei ein Mehrpreis zugezahlt werden muss oder bei einem geringeren Preis eine Gutschrift erfolgt.
- Wenn Sie die Tasche nicht gegen eine einwandfreie Tasche umtauschen können und wenn sich der Kunde nicht für eine andere Reisetasche entscheiden kann, erstatten Sie dem Kunden den Kaufpreis zurück.
- Ist der festgestellte Mangel nur geringfügig, können Sie Herrn Kuhn eine Preisminderung anbieten.
- Sie bieten Herrn Kuhn an, die Reparatur der Tasche durch den Hersteller durchführen zu lassen.

© U-Form Verlag – Kopieren verboten!

6. Rügefristen

Nach dem Bürgerlichen Gesetzbuch hat der Käufer beim Verbrauchsgüterkauf einen **Gewährleistungsanspruch** von **zwei Jahren für Neuwaren** und **einem Jahr bei Gebrauchtwaren.**

Zeigt sich beim Verbrauchsgüterkauf innerhalb der ersten sechs Monate seit Übergabe der Ware ein Mangel, so wird vermutet, dass die Ware bereits bei Gefahrenübergang mangelhaft war. Der Verkäufer ist verpflichtet, den Mangel zu beheben. Weigert er sich dies zu tun, muss er beweisen, dass der Mangel zum Zeitpunkt des Kaufs noch nicht bestand.

Reklamiert der Kunde erst nach Ablauf der sechs Monate, liegt die Beweislast beim Käufer, d. h. er muss beweisen, dass die Ware bereits beim Kauf mangelhaft war.

Information

Rügefristen

	Zweiseitiger Handelskauf	Einseitiger Handelskauf
Prüfpflicht	unverzüglich	keine gesetzliche Prüfpflicht
Rügepflicht		
• offene Mängel	– unverzüglich	– innerhalb von zwei Jahren
• versteckte Mängel	– unverzüglich nach Entdecken, innerhalb von zwei Jahren	– innerhalb von zwei Jahren
• arglistig verschwiegene Mängel	– unverzüglich nach Entdecken, innerhalb von drei Jahren	– innerhalb von drei Jahren

7.

7.1 Garantie

Garantie ist die vertragliche Verpflichtung des Verkäufers oder Herstellers für die Funktionsfähigkeit einer Ware und dafür, alle auftretenden Mängel innerhalb der Garantiefrist und der getroffenen Vereinbarung unentgeltlich zu beseitigen.

7.2 Unterschied Garantie und Gewährleistung

Die vertragliche Garantiefrist geht häufig über die gesetzliche Gewährleistungsfrist hinaus, dafür sieht die Garantievereinbarung allerdings meist nur eine Mängelbeseitigung vor.

Die gesetzlichen Rechte aus den Gewährleistungsansprüchen bleiben von einer zusätzlichen Garantievereinbarung unberührt.

Information

Produktsicherheitsgesetz (ProdSG)

Das Produktsicherheitsgesetz (ProdSG) beinhaltet relevante Vorschriften zu den Sicherheitsanforderungen für alle Produkte, die in den nationalen bzw. europäischen Markt eingeführt werden.

Schwerpunkt dieses Gesetzes ist eine enge Zusammenarbeit zwischen den Behörden der Marktüberwachung und den Zollstellen, um zu gewährleisten, dass nur unbedenkliche Produkte in Verkehr gebracht werden.

Zusätzlich enthält das Gesetz Bestimmungen zum GS-Zeichen (Geprüfte Sicherheit), insbesondere für dessen Vergabe und die Kontrolle der Verwendung.

Die Behörden sind gemeinsam mit der Bundesanstalt für Arbeitsschutz und Arbeitsmedizin (BAuA) verpflichtet, die Öffentlichkeit rechtzeitig über Produkte zu informieren, von denen Gefahren ausgehen können (z. B. über Rückrufe von Produkten).

Stand: Dezember 2017

© U-Form Verlag – Kopieren verboten!

2

Warenwirtschaft und Rechnungswesen

- **Warenwirtschaft**
  - Grundlagen der Warenwirtschaft
  - Bestandskontrolle, Inventur
  - Wareneingang, Warenlagerung
  - Kassenabrechnung
- **Grundlagen des Rechnungswesens**
  - Rechenvorgänge in der Praxis
  - Kalkulation

©U-Form Verlag – Kopieren verboten!

Ihre Notizen

© U-Form Verlag – Kopieren verboten!

2.01 Warenwirtschaftssystem

Das computergestützte Warenwirtschaftssystem (WWS) dient der Überwachung und Steuerung aller Warenbewegungen innerhalb eines Einzelhandelsunternehmens und bildet damit die Grundlage der betriebswirtschaftlichen Entscheidungen.
Der Datenfluss des WWS berücksichtigt die Erfassung aller notwendigen Informationen innerhalb der Arbeitsbereiche Beschaffung, Wareneingangsbearbeitung, Lagerhaltung, Rechnungsprüfung und Warenausgang.
Der Datenfluss des WWS bildet somit einen geschlossenen Kreislauf.

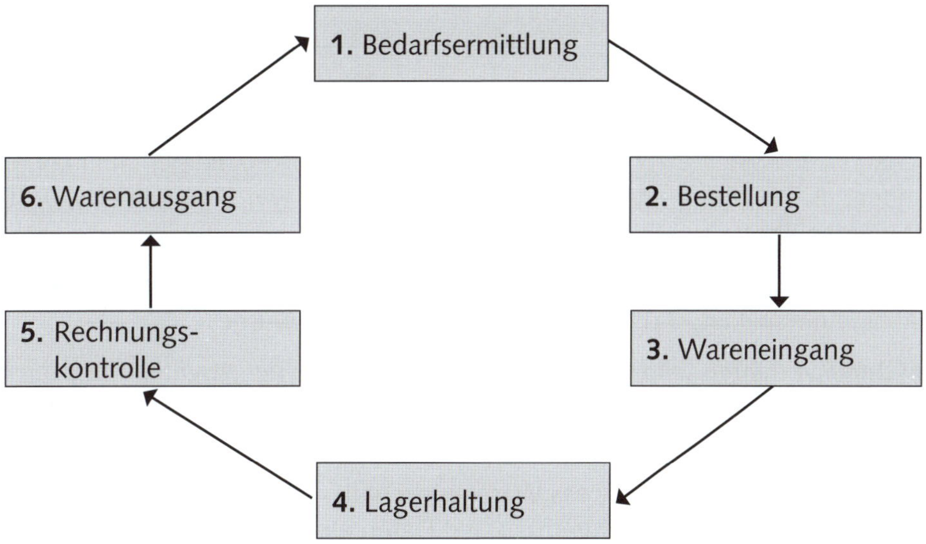

a) Erfassen der Warenausgänge	6
b) Bestellung der Ware	2
c) Überprüfung der Rechnungen	5
d) Lagerhaltung	4
e) Erfassen der Wareneingänge	3

2.02 Warenwirtschaftssystem

Auswahlantwort **4.** ist richtig. 4

Computergestützte Warenwirtschaftssysteme haben in ihren Programmen automatische Bestellsysteme eingearbeitet, die der Vereinfachung des Bestellvorgangs, der optimalen Warenverfügbarkeit und damit der Sicherung der Verkaufsbereitschaft dienen.

Automatische Bestellsysteme arbeiten entweder nach

- Bestellrhythmusverfahren
- Bestellpunktverfahren
- Bestellvorschlagsverfahren

Die automatischen Bestellsysteme eignen sich nur für Standardartikel, die sich über längere Zeit im Sortiment befinden, die im Jahresverlauf regelmäßig nachgefragt werden und deren Bestand immer wieder ergänzt werden muss.

Beim **Bestellpunktverfahren** erfolgt die Bestellung einer konstanten Menge immer dann, wenn das Warenwirtschaftssystem meldet, dass der Meldebestand erreicht wurde.

Beim **Bestellrhythmusverfahren** wird die Ware auf der Grundlage der Abverkaufszahlen in regelmäßigen Abständen, z. B. jeweils monatlich beim Vertreter oder Großhändler bestellt. Das bedeutet, die Zeitspanne zwischen den Bestellungen ist konstant.

Beim **Bestellvorschlagsverfahren** erstellt das Warenwirtschaftssystem bei Unterschreitung des Meldebestandes auf der Grundlage aller verfügbaren Daten eine Bestellvorschlagsliste. Nach Auswertung und ggf. Korrektur der Liste durch die Einkaufsabteilung wird die Bestellung beim Lieferanten veranlasst.

Bei einer bestehenden Onlineverbindung mit dem Lieferanten bieten die Warenwirtschaftssysteme auch die Möglichkeit, diesen Bestellvorschlag direkt an den Lieferanten weiterzuleiten und damit automatisch eine Bestellung auszulösen.

Da die Verkaufszahlen der meisten Artikel allerdings saisonalen Schwankungen unterworfen sind, wird diese Form des Bestellverfahrens seltener genutzt.

Automatische Bestellsysteme

	Bestellpunktverfahren	Bestellrhythmusverfahren	Bestellvorschlagsverfahren
Bestellzeitpunkt	variabel	konstant	variabel
Abstände zwischen den Bestellungen	variabel	konstant	variabel
Bestellmenge	konstant	variabel	variabel

© U-Form Verlag – Kopieren verboten!

2.03 Datenverarbeitung

Die elektronische **Datenerfassung** beschreibt den Vorgang, bei dem die Daten auf maschinenlesbaren Datenträgern gesammelt und in eine vom Computer bearbeitbare Form gebracht werden. Daten können entweder über entsprechende Peripheriegeräte oder direkt über den Computer erfasst werden. Man unterscheidet die Offline- und Online-Datenerfassung.
Bei der *Offline-Erfassung* ist das Daten erfassende Peripheriegerät nicht mit der Zentraleinheit verbunden, sondern speichert die Daten zunächst auf einem internen Speicher ab. Die Übertragung der erfassten Daten an die Zentraleinheit erfolgt später.
Bei der *Online-Verarbeitung* steht das Daten erfassende Gerät direkt mit der Zentraleinheit in Verbindung.

Unter **Datenübertragung** versteht man alle Vorgänge, die bewirken, dass die gesammelten Daten von den Peripheriegeräten oder der Zentraleinheit auf andere Peripheriegeräte oder Zentraleinheiten übertragen werden.

Der Begriff **Datenverarbeitung** beschreibt die Verarbeitung von Informationen und Daten mit Hilfe von Programmen (Software) und elektronischen Hilfsmitteln (Zentraleinheit).

Unter **Datensicherung** versteht man alle Maßnahmen, die dem Erkennen und Korrigieren von Übertragungsfehlern dienen und die die gespeicherten Daten vor Verlust oder Verfälschung schützen, z. B. durch Sicherungskopien und Backups.

Die Sicherung der Daten gegen den Zugriff Unbefugter bezeichnet man als **Datensicherheit**. Sie wird u. a. durch Zugangs- und Zugriffskontrollen erreicht und stellt damit eine Voraussetzung des Datenschutzes dar.

a) Alle erforderlichen Bestelldaten werden in elektronischer Form gesammelt.	1
b) Mit Hilfe entsprechender Programme erfolgt in den Zentraleinheiten die Aufbereitung der Daten.	3
c) Daten werden von den Peripheriegeräten an die Zentraleinheiten gesendet.	2
d) Daten werden regelmäßig auf externen Medien abgespeichert, um Datenverlust vorzubeugen.	4
e) Daten werden durch Programme vor dem Zugriff Unbefugter geschützt.	5

Information

Cloud Computing

Cloud Computing beschreibt eine Technologie, die es einem Nutzer ermöglicht, bestimmte IT-Leistungen (Rechenkapazität, Speicher oder Software) bei Bedarf, jederzeit und von jedem Ort aus von einem externen Anbieter über ein Netzwerk zu beziehen.

Die Vorteile liegen u. a. in einer hohen Flexibilität, da unabhängig vom Standort auf alle notwendigen Daten zugegriffen werden kann, einer meist automatischen Softwareaktualisierung, regelmäßigen Backups zur Datensicherung und der Verringerung der Kosten durch den Wegfall teurer eigener Hard- und Software.

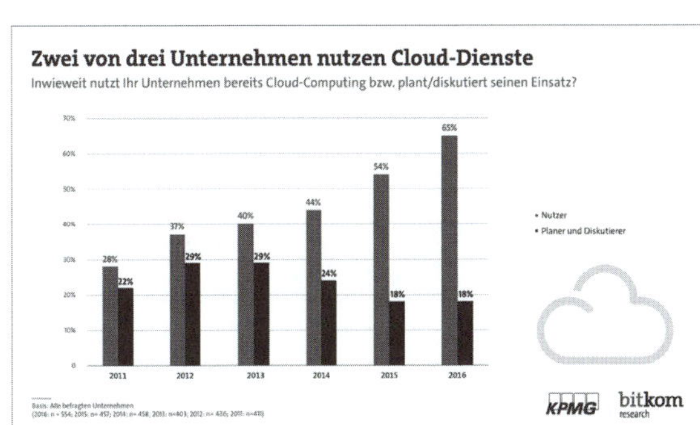

2.04 Datenerfassung

Die Etikettierung der Ware mit maschinenlesbaren Codes wird meist bereits durch den Hersteller mittels des GTIN-Codes vorgenommen.

Die GTIN (**G**lobal **T**rade **I**tem Number) ist eine international gültige Artikelnummer, die einen Artikel in seiner jeweiligen spezifischen Ausführung (Farbe, Form, Größe, Verpackungseinheit) kennzeichnet.

Diese Artikelnummer ist als Strichcode darstellbar oder im Rahmen der RFID-Technik (Radio Frequency Identification-Technik) verwendbar und ermöglicht damit eine automatische Erfassung aller Warenbewegungen entlang der logistischen Warenkette.

Das PLU-Verfahren (**P**rice-**L**ook-**U**p-**V**erfahren) ist ein gängiges Verfahren, das im Einzelhandel vor allem beim Kassiervorgang Anwendung findet. Voraussetzung für dieses Verfahren ist die Codierung der Ware mit einem entsprechenden Strichcode. Mit einem Scanner wird der Code eingelesen, der dazugehörige Preis und die Artikeldaten werden von der Zentraleinheit abgerufen und dem Artikel zugeordnet.

a) Der Artikelcode wird durch den Scanner eingelesen.	1
b) Die Verkaufsdaten werden verarbeitet und die Warenbestandsdaten aktualisiert.	3
c) Die Daten werden an die Kasse zurückgegeben.	4
d) Der Kassenbon wird ausgedruckt.	5
e) Dem Artikelcode werden die entsprechenden, in der Zentraleinheit gespeicherten Daten zugeordnet.	2

Information

Aufbau der GTIN (Global **T**rade **I**tem **N**umber**)**

Basisnummer	**Artikelnummer**	**Prüfziffer**
Die Basisnummer ist 7- bis 9-stellig und kennzeichnet das Herkunftsland und den Hersteller. Sie gewährleistet damit die Eindeutigkeit und weltweite Überschneidungsfreiheit der GTIN. Die Ziffern 400… bis 440… gelten für Deutschland.	Abhängig von der Länge der Basisnummer kann der Hersteller eine individuelle Artikelnummer mit drei, vier oder fünf Ziffern nach eigener Wahl festlegen. Damit stehen ihm 1.000, 10.000 oder 100.000 verschiedene Artikelnummern zur Verfügung.	Die einstellige Prüfziffer dient der Sicherheitsabfrage, um Eingabefehler zu erkennen.
Beispiel: 4001234	**56789**	**1**

© U-Form Verlag – Kopieren verboten!

2.05 Peripheriegeräte

a) Ein Peripheriegerät ist ein Gerät, das nicht in unmittelbarer räumlicher Nähe zur Zentraleinheit stehen muss. Es dient der Ein- und Ausgabe von Daten.

Für die bargeldlose Zahlung mit der ec-Karte ist ein **Kartenlesegerät** erforderlich, um über die Online-Abfrage bei dem entsprechenden Kreditinstitut die Zahlungsberechtigung zu prüfen.

Die tatsächlichen Inventurbestände können mit Hilfe von **mobilen Datenerfassungsgeräten** erfasst werden.

Die Tageslosung wird durch die Abfrage entsprechender Programme der **Scannerkassen** ermittelt.

Das Drucken von Preisetiketten erfolgt mittels spezieller **Etikettendrucker**, die im computergestützten Warenwirtschaftssystem direkt mit der Zentraleinheit verbunden sind.

Eine Bestellung von Waren per E-Mail ist von einem **Arbeitsplatzrechner** aus möglich, der dazu entweder über die Anbindung an die Zentraleinheit oder an das Internet verfügen muss.

aa) Drucken von Klebeetiketten zur Preisauszeichnung	4
ab) Ermittlung der Tageslosung	3
ac) Erfassen der tatsächlichen Inventurbestände	2
ad) Abfrage der Daten einer girocard bei einer bargeldlosen Zahlung	1
ae) Bestellung von Waren per E-Mail	5

b) Die Auswahlantwort **4.** ist richtig. 4

Ein mobiles Datenerfassungsgerät (MDE-Gerät) dient der Erfassung von codierten Daten. Es handelt sich um handliche, überall einsetzbare Geräte, die meist im Offline-Betrieb arbeiten. Die Daten (z. B. GTIN-Code eines Artikels) werden eingescannt bzw. eingelesen und geräteintern abgespeichert. Anschließend werden diese Daten über entsprechende Steckverbindungen oder Kabel an die Zentraleinheit übermittelt.

MDE-Geräte ermöglichen ein rationelles Arbeiten und erleichtern dem Einzelhändler die Datenerfassung und Datenübertragung.

©U-Form Verlag – Kopieren verboten!

Information

Mobile Marketing

Mobile Marketing umfasst alle Marketingmaßnahmen, die den Verbraucher unter Nutzung drahtloser Endgeräte, wie Smartphones, Tablet-PC und Notebooks direkt oder indirekt erreichen.
Immer mehr Verbraucher nutzen ein Smartphone, das den Unternehmen aufgrund der vielfältigen Funktionen die Gelegenheit bietet, ihre Kunden schnell und persönlich anzusprechen.

Zu möglichen Marketingmaßnahmen zählen:

- SMS (Short Message Service)
- MMS (Multimedia Messaging Service)
- Mobile Couponing (Coupon-Download, Coupon-Apps)
- Gewinnspiele
- Mobile Newsletter
- Service-Apps
- Mobile Voting (Abstimmungsverfahren durch das Wählen einer Telefonnummer oder durch das Schicken einer SMS)
- Handytickets/Mobiltickets
- Communities (soziale Netzwerke)
- Videostreams
- Meinungsforschung/Blitzumfragen
- Integration von Werbebanner oder Pop-ups
- Schaltung von Werbung im mobilen Internet

Teile des Mobile Marketing sind erst unter Verwendung von Barcodes möglich. Beim sogenannten Mobile Tagging wird mithilfe der Handykamera ein Barcode entschlüsselt und der Verbraucher kann Internetadressen, Produktinformationen, Gebrauchsanweisungen, Coupons, Gutscheine oder kurze Videos abrufen.

Im Handel wird häufig der QR-Code (Quick Response = schnelle Antwort) genutzt und in den Printmedien (Prospekte, Kundenzeitschriften, etc.) und auf Plakaten eingesetzt.
Der QR-Code ist ein standardisierter, zweidimensionaler Zeichencode, der einen schnellen Abruf von Informationen ermöglicht.

Dieser Code bietet gegenüber den linearen Barcodes den Vorteil der vielfältigen Einsatzmöglichkeiten, da mehr Daten auf engem Raum codiert werden können (max. 2953 Bytes).
Je nach Informationsgehalt ist der QR-Code auch dann noch lesbar, wenn bis zu 30 Prozent der Daten beschädigt sind.

→ Internet: www.u-form-shop.de

Weitere 2D-Barcodes sind beispielsweise der DataMatrix-Code (z. B. für Postsendungen) und der Aztec-Code (z. B. für Online- und Mobile-Tickets der Deutschen Bahn).

© U-Form Verlag – Kopieren verboten!

2.06 Bezugskalkulation

Zur Ermittlung des günstigeren Angebotes je Set müssen Sie zunächst mit Hilfe der Bezugskalkulation den Einstandspreis des jeweiligen Angebotes ermitteln.

Von dem angegebenen Listenpreis ziehen Sie nacheinander die Wertabzüge, d. h. Liefererrabatt und Liefererskonto ab und addieren die Bezugskosten, d. h. Fracht, Rollgeld und Transportversicherung hinzu.

Kalkulationsschema	Angebot Firma Heise GmbH		Angebot Firma Schuster KG	
Listenpreis	20 Sets · 60,45 €	= 1.209,00 €	20 Sets · 60,45 €	= 1.209,00 €
– Liefererrabatt	– 15 % Rabatt	181,35 €	– 10 % Rabatt	120,90 €
= Zieleinkaufspreis		= 1.027,65 €		= 1.088,10 €
– Liefererskonto	– 3 % Skonto	30,83 €	– 2 % Skonto	21,76 €
= Bareinkaufspreis		= 996,82 €		= 1.066,34 €
+ Bezugskosten	+ Bezugskosten	9,98 €	+	------------
= Einstandspreis	= Einstandspreis	= 1.006,80 €	= Einstandspreis	= 1.066,34 €
Einstandspreis je Set	1.006,80 € : 20	= **50,34 €**	1.066,34 € : 20	= 53,32 €

Zur Berechnung des Einstandspreises je Set wird der Einstandspreis der gesamten Bestellung durch die bestellte Stückzahl geteilt.

Das Angebot der Firma Heise GmbH stellt das günstigere Angebot mit einem Einstandspreis von 50,34 € je Set dar.

€		ct	
5	0	3	4

2.07 Kalkulation

Der Einzelhändler muss bei der Festlegung der Preise seine betrieblichen Kosten, seinen Gewinn und die Mehrwertsteuer berücksichtigen.

Dafür addiert er zu dem errechneten Einstandspreis seinen Handlungskosten- und Gewinnzuschlag und den zurzeit gültigen Mehrwertsteuersatz.

Zu den **Handlungskosten** gehören die im Betrieb entstehenden Geschäftskosten. Dazu zählen Personalkosten, Miete, Energiekosten, Betriebssteuern und Abschreibungen. Da der Einzelhändler aber nicht feststellen kann, welche Handlungskosten exakt auf jede einzelne Ware entfallen, arbeitet er mit einem prozentualen Zuschlag auf den Einstandspreis (= 100 %) – dem Handlungskostenzuschlag (HKZ).

(Einstandspreis + Handlungskostenzuschlag = Selbstkostenpreis)

Der **Gewinnzuschlag** beinhaltet den Unternehmerlohn, die Eigenkapitalverzinsung und einen Zuschlag für das Unternehmerrisiko. Der Gewinnzuschlag wird dem Selbstkostenpreis (= 100 %) hinzugerechnet.

(Selbstkostenpreis + Gewinnzuschlag = Nettoverkaufspreis)

Fortsetzung auf der nächsten Seite

2.07 Kalkulation

Fortsetzung

Da der Einzelhändler laut Preisangabenverordnung seine Waren nur zu Bruttoverkaufspreisen anbieten darf, wird der **Mehrwertsteuersatz** dem errechneten Nettoverkaufspreis (= 100 %) zugeschlagen.

(Nettoverkaufspreis + Mehrwertsteuersatz = Bruttoverkaufspreis)

Berechnung der Handlungskosten in €:

Der Einstandspreis für das 4-teilige Schulset „Protection" beträgt 50,34 € (s. Lösung 2.06)

Einstandspreis 100 % = **50,34 €**
Handlungskostenzuschlag 45 % = x

$$x = \frac{50{,}34\ € \cdot 45\ \%}{100\ \%} = 22{,}65\ €$$

	Einstandspreis	**50,34 €**
+	Handlungskosten	22,65 €
=	Selbstkostenpreis	**72,99 €**

Berechnung des Gewinns in €:

Selbstkostenpreis 100 % = 72,99 €
Gewinnzuschlag 15 % = x

$$x = \frac{\mathbf{72{,}99\ €} \cdot 15\ \%}{100\ \%} = 10{,}95\ €$$

	Selbstkostenpreis	72,99 €
+	Gewinn	10,95 €
=	Nettoverkaufspreis	**83,94 €**

Berechnung der Mehrwertsteuer in €:

Nettoverkaufspreis 100 % = 83,94 €
Mehrwertsteuersatz 19 % = x

$$x = \frac{\mathbf{83{,}94\ €} \cdot 19\ \%}{100\ \%} = 15{,}95\ €$$

	Nettoverkaufspreis	83,94 €
+	Mehrwertsteuer	15,95 €
=	Bruttoverkaufspreis	**99,89 €**

Kalkulationsschema:

Einstandspreis			50,34 €
+ **Handlungskostenzuschlag**	+ 45 % HKZ		22,65 €
= **Selbstkostenpreis**		=	72,99 €
+ **Gewinnzuschlag**	+ 15 % Gewinnzuschlag		10,95 €
= **Nettoverkaufspreis**		=	83,94 €
+ **Mehrwertsteuer**	+ 19 % Mehrwertsteuer		15,95 €
= **Bruttoverkaufspreis**	= Bruttoverkaufspreis	=	**99,89 €**

Sie können das Schulset „Protection" zu einem Bruttoverkaufspreis von 99,89 € anbieten.

€	,	ct
9 9		8 9

© U-Form Verlag – Kopieren verboten!

2.08 Gewinn/Gewinnzuschlag

a) Mit Hilfe der **Differenzkalkulation** wird bei einem gegebenen Einstandspreis, Handlungskostenzuschlagssatz und Bruttoverkaufspreis der Gewinn bzw. der Gewinnzuschlag berechnet.

Die Differenz zwischen dem Nettoverkaufs- und dem Selbstkostenpreis ergibt den Gewinn in Euro.

Der Einstandspreis je Set beträgt für das Schulrucksack-Set „Comfort" 53,32 € (siehe Lösung 2.06).

Mit Hilfe der **Rückwärtskalkulation** wird vom Bruttoverkaufspreis auf den Nettoverkaufspreis (= 100 %) zurückgerechnet.

Berechnung des Nettoverkaufspreises in €:

	Nettoverkaufspreis	100 %
+	Mehrwertsteuer	19 %
=	Bruttoverkaufspreis	119 %

Bruttoverkaufspreis 119 % = 98,00 €
Nettoverkaufspreis 100 % = x

$$x = \frac{98{,}00 \cdot 100\,\%}{119\,\%} = 82{,}35\text{ € Nettoverkaufspreis}$$

Berechnung des Selbstkostenpreises:

Einstandspreis 100 % = 53,32 €
Handlungskostenzuschlag 45 % = x

$$x = \frac{53{,}32\text{ €} \cdot 45\,\%}{100\,\%} = 23{,}99\text{ €}$$

	Einstandspreis	53,32 €
+	Handlungskosten	23,99 €
=	Selbstkostenpreis	77,31 €

Berechnung des Gewinns:

	Nettoverkaufspreis	82,35 €
–	Selbstkostenpreis	77,31 €
=	**Gewinn**	**5,04 €**

Der noch zu erzielende Gewinn in Euro beträgt 5,04 €.

€	ct	
5	0	4

Fortsetzung auf der nächsten Seite

2.08 Gewinn/Gewinnzuschlag

Fortsetzung

b) Der Gewinnzuschlag in Prozent ergibt sich, wenn der Gewinn in Euro in ein prozentuales Verhältnis zum Selbstkostenpreis (= 100 %) gesetzt wird.

Selbstkostenpreis = 100 %
Gewinn in Euro = x

Formel Gewinnzuschlag:

$$\textbf{Gewinnzuschlag} = \frac{\text{Gewinn in Euro} \cdot 100\ \%}{\text{Selbstkostenpreis}}$$

Selbstkostenpreis 77,31 € = 100 %
Gewinn 5,04 € = x

$$x = \frac{100\ \% \cdot 5{,}04\ €}{77{,}31\ €} = \textbf{6,52 \% Gewinnzuschlag}$$

Der Gewinn von 6,73 € entspricht einem prozentualen Gewinnzuschlag von 6,52 %.

%	,	
6	5	2

Kalkulationsschema:

Einstandspreis		53,32 €
+ **Handlungskostenzuschlag**	+ 45 % HKZ	23,99 €
= **Selbstkostenpreis**		= 77,31 €
+ **Gewinnzuschlag**	+ **Gewinn 6,52 %**	**5,04 €**
= **Nettoverkaufspreis**		= 82,35 €
+ **Mehrwertsteuer**	+ 19 % Mehrwertsteuer	15,65 €
= **Bruttoverkaufspreis**	= Bruttoverkaufspreis	= 98,00 €

© U-Form Verlag – Kopieren verboten!

2.09 Kalkulation

Auswahlantwort **2.** ist richtig. 2

Um zu ermitteln, wie sich die Änderung der Preise und Zahlungsbedingungen auf den kalkulierten Bareinkaufspreis auswirken, gehen wir der Einfachheit halber von einem angenommenen ursprünglichen Listeneinkaufspreis von 100,00 € (= 100 %) aus.

	Ursprünglicher Listeneinkaufspreis	100,00 €
+	10 % Preiserhöhung	10,00 €
=	neuer Listeneinkaufspreis	110,00 €
–	5 % Rabatt	5,50 €
=	Zieleinkaufspreis	104,50 €
–	2 % Skonto	2,09 €
=	Bareinkaufspreis	102,41 €

Berechnung der Differenz in €:

	Bareinkaufspreis	102,41 €
–	ursprünglicher Listeneinkaufspreis	100,00 €
=	Differenz	2,41 €

Ursprünglicher Listenpreis 100,00 € = 100 %
Differenz 2,41 € = x

$$x = \frac{100\ \% \cdot 2{,}41\ €}{100\ €} = \mathbf{2{,}41\ \%}$$

Durch die Änderung der Preise und der Zahlungsbedingungen steigt der Bareinkaufspreis um 2,41%.

©U-Form Verlag – Kopieren verboten!

2.10 Handlungskosten/Handlungskostenzuschlag

a) Auswahlantwort **3.** ist richtig. 3

Die Werte aus der **G**ewinn- **u**nd **V**erlustrechnung (**GuV**-Rechnung) stellen die Grundlage für die Kalkulation eines Einzelhändlers dar. Die GuV-Rechnung weist zum einen die Aufwendungen aus, die im Zusammenhang mit der Warenbeschaffung entstehen (Aufwendungen für Waren = Wareneinsatz), zum anderen werden alle betrieblichen Kosten (Handlungskosten) ausgewiesen.

Zu den Handlungskosten zählen u. a.:

- Personalkosten
- Aufwendungen für Mieten
- Sachkosten für Instandhaltung
- Energiekosten
- Aufwendungen für Werbung
- Abschreibungen
- Allgemeine Verwaltungskosten
- Betriebliche Steuern

Die Umsatzerlöse (netto) gehören nicht zu den Handlungskosten. Sie stellen den Absatz, also den Wert der verkauften Waren zum Nettoverkaufspreis dar.

b) Da der Einzelhändler die Handlungskosten nicht exakt jeder Ware zuordnen kann, ermittelt er auf der Grundlage seiner Gewinn- und Verlustrechnung einen Handlungskostenzuschlag.

Der Handlungskostenzuschlag ergibt sich, indem die Handlungskosten in Euro in ein prozentuales Verhältnis zu den Aufwendungen für Waren (Wareneinsatz) = 100 % gesetzt werden.

Formel Handlungskostenzuschlag:

$$\textbf{Handlungskostenzuschlag (HKZ)} = \frac{\text{Handlungskosten} \cdot 100\,\%}{\text{Wareneinsatz}}$$

Addiert der Einzelhändler zu seinen Aufwendungen für Waren (Wareneinsatz) die Handlungskosten, erhält er den Selbstkostenpreis. Dieser Preis deckt die Summe aller Aufwendungen, die im Zusammenhang mit dem Verkauf der Ware entstehen.

Berechnung des Handlungskostenzuschlags auf der Grundlage der GuV-Rechnung:

1. Schritt:

Addition der Handlungskosten:

Gehälter	69.241,87 €
Miete	11.550,00 €
Werbung	3.760,00 €
Energiekosten	1.600,00 €
Abschreibungen	911,55 €
Handlungskosten	87.063,42 €

Fortsetzung auf der nächsten Seite

© U-Form Verlag – Kopieren verboten!

2.10 Handlungskosten/Handlungskostenzuschlag

Fortsetzung b)

2. Schritt:

Berechnung des Handlungskostenzuschlags:

Wareneinsatz	193.474,27 €	=	100 %
Handlungskosten	87.063,42 €	=	x

$$x = \frac{87.063{,}42\ € \cdot 100\ \%}{193.474{,}27\ €}$$

$$x = 44{,}999\ \% \approx \mathbf{45\ \%}$$

Der Handlungskostenzuschlag auf der Grundlage der Gewinn- und Verlustrechnung beträgt 45 %. — % 4 5

2.11 Kalkulationsbegriffe

Da die prozentualen Kalkulationszuschlagssätze (Handlungskostenzuschlag, Gewinnzuschlag und Mehrwertsteuersatz) meist über einen längeren Zeitraum konstant bleiben, ermittelt der Einzelhändler Gesamtprozentsätze und Faktoren, die die einzelnen prozentualen Zuschläge zusammenfassen und die Kalkulation der Preise dadurch vereinfachen.

Grundlage bilden die Werte der Gewinn- und Verlustrechnung.

a) Der Unterschied zwischen dem Bruttoverkaufspreis und dem Einstandspreis, ausgedrückt in Prozent, bezogen auf den Bruttoverkaufspreis stellt den **Kalkulationsabschlag** dar. — 2

b) Der Unterschied zwischen dem Nettoverkaufspreis und dem Einstandspreis, ausgedrückt in Prozent, bezogen auf den Nettoverkaufspreis stellt die **Handelsspanne** dar. — 4

c) Bruttoverkaufspreis dividiert durch den Einstandspreis ergibt den **Kalkulationsfaktor.** — 1

d) Der Unterschied zwischen dem Einstandspreis und dem Bruttoverkaufspreis, ausgedrückt in Prozent, bezogen auf den Einstandspreis stellt den **Kalkulationszuschlag** dar. — 3

e) Der **Kalkulationsabschlag** wird genutzt, wenn vom Bruttoverkaufspreis auf den Einstandspreis zurückgerechnet werden muss. — 2

©U-Form Verlag – Kopieren verboten!

2.12 Kalkulationszuschlag/Kalkulationsfaktor

Da der Handlungskostenzuschlag, der Gewinnzuschlag und der Umsatzsteuersatz meist über einen längeren Zeitraum konstant bleiben, ermittelt der Einzelhändler Gesamtprozentsätze und Faktoren, die die einzelnen prozentualen Zuschläge zusammenfassen.

a) Um vom Einstandspreis direkt den Bruttoverkaufspreis errechnen zu können, ermittelt der Einzelhändler seinen Kalkulationszuschlag.

Der Kalkulationszuschlag ist die in einem Prozentsatz ausgedrückte Differenz zwischen Bruttoverkaufspreis und Einstandspreis, bezogen auf den Einstandspreis (= 100 %).

Formel Kalkulationszuschlag:

$$\textbf{Kalkulationszuschlag} = \frac{(\text{Bruttoverkaufspreis} - \text{Einstandspreis}) \cdot 100\,\%}{\text{Einstandspreis}}$$

Berechnung des Kalkulationszuschlags auf der Grundlage der GuV-Rechnung:

	Bruttoverkaufspreis (Umsatz brutto)	384.000,00 €
–	Einstandspreis (Wareneinsatz)	193.474,27 €
	Differenz	190.525,73 €

Einstandspreis (Wareneinsatz) 193.474,27 € = 100 %
Differenz 190.525,73 € = x

$$x = \frac{100\,\% \cdot 190.525,73\,€}{193.474,27\,€} = 98,476\,\% \approx \mathbf{98,48\,\%}$$

Der Kalkulationszuschlag auf der Grundlage der GuV-Rechnung beträgt 98,48 %.

%		,	
9	8	4	8

b) Zur Vereinfachung der Ermittlung des Bruttoverkaufspreises dient neben dem Kalkulationszuschlag auch der Kalkulationsfaktor. Während der Kalkulationszuschlagsatz zum Einstandspreis (= 100 %) addiert wird, wird der Kalkulationsfaktor mit dem Einstandspreis multipliziert.
Der Kalkulationsfaktor sollte dabei möglichst auf vier Stellen hinter dem Komma errechnet werden, um größere Abweichungen zu vermeiden.

Zur Ermittlung des Kalkulationsfaktors wird der Bruttoverkaufspreis durch den Einstandspreis (Wareneinsatz) geteilt.

Formel Kalkulationsfaktor:

$$\textbf{Kalkulationsfaktor} = \frac{\text{Bruttoverkaufspreis}}{\text{Einstandspreis (Wareneinsatz)}}$$

$$\text{Kalkulationsfaktor} = \frac{384.000,00\,€}{193.474,27\,€} = 1,98476 \text{ gerundet } \mathbf{1,9848}$$

Fortsetzung auf der nächsten Seite

© U-Form Verlag – Kopieren verboten!

2.12 Kalkulationszuschlag/Kalkulationsfaktor

Fortsetzung b)

TIPP:
Wenn der Kalkulationszuschlag bekannt ist, kann der Kalkulationsfaktor mit der folgenden Formel errechnet werden:

$$\textbf{Kalkulationsfaktor} = \frac{(\text{Kalkulationszuschlagssatz in Prozent} + 100)}{100}$$

$$\text{Kalkulationsfaktor} = \frac{98{,}48 + 100}{100} = \mathbf{1{,}9848}$$

Der Kalkulationszuschlag von 98,48 % entspricht einem Kalkulationsfaktor von 1,9848.

Kalkulationsfaktor
1,9848

c) Zur Ermittlung des Bruttoverkaufspreises wird zum Einstandspreis (= 100 %) der Kalkulationszuschlagssatz addiert (Variante 1), oder der Einstandspreis mit dem Kalkulationsfaktor multipliziert (Variante 2).

Variante 1:

	Einstandspreis	100 %
+	Kalkulationszuschlagssatz	98,48 %
=	Bruttoverkaufspreis	198,48 %

Einstandspreis	100 %	=	49,88 €
Bruttoverkaufspreis	198,48 %	=	x

$$x = \frac{49{,}88\ € \cdot 198{,}48\ \%}{100\ \%} = \textbf{99,00 € Bruttoverkaufspreis}$$

Variante 2:

Einstandspreis · Kalkulationsfaktor = Bruttoverkaufspreis

49,88 € · 1,9848 = **99,00 € Bruttoverkaufspreis**

Herr Scholz nennt dem Kunden einen Bruttoverkaufspreis von 99,00 € für die Notebook-Tasche der Firma Comptex.

€ , ct
99,00

2.13 Kalkulationsabschlag/Handelsspanne

Wenn eine Ware aus Konkurrenzgründen zu einem vorgegebenen Preis verkauft werden muss oder der Verkaufspreis sich an den Preisempfehlungen der Hersteller orientiert, kann mit Hilfe des Kalkulationsabschlags und der Handelsspanne der maximal aufzuwendende Einstandspreis einer Ware berechnet werden.

a) Der Kalkulationsabschlag ist die in einem Prozentsatz ausgedrückte Differenz zwischen Bruttoverkaufspreis und Einstandspreis, bezogen auf den Bruttoverkaufspreis (= 100 %).

Formel Kalkulationsabschlag:

$$\textbf{Kalkulationsabschlag} = \frac{(\text{Bruttoverkaufspreis} - \text{Einstandspreis}) \cdot 100\ \%}{\text{Bruttoverkaufspreis}}$$

Berechnung des Kalkulationsabschlags auf der Grundlage der GuV-Rechnung:

	Bruttoverkaufspreis (Umsatz brutto)	384.000,00 €
–	Einstandspreis (Wareneinsatz)	193.474,27 €
	Differenz	190.525,73 €

Bruttoverkaufspreis 384.000,00 € = 100 %
Differenz 190.525,73 € = x

$$x = \frac{100\ \% \cdot 190.525{,}73\ €}{384.000{,}00\ €} = 49{,}616\ \% \approx \mathbf{49{,}62\ \%}$$

% ,
4 9 | 6 2

Der Kalkulationsabschlag auf der Grundlage der GuV-Rechnung beträgt 49,62 %.

Tipp:
Sind der Kalkulationszuschlag und der Kalkulationsfaktor bekannt (siehe Lösung 2.12), kann auch mit der folgenden Formel der Kalkulationsabschlag berechnet werden:

$$\text{Kalkulationsabschlag} = \frac{\text{Kalkulationszuschlag}}{\text{Kalkulationsfaktor}}$$

$$\text{Kalkulationsabschlag} = \frac{98{,}48\ \%}{1{,}9848} = 49{,}617\ \% \approx \mathbf{49{,}62\ \%}$$

Fortsetzung auf der nächsten Seite

© U-Form Verlag – Kopieren verboten!

2.13 Kalkulationsabschlag/Handelsspanne

Fortsetzung

b) Die Handelsspanne ist die in einem Prozentsatz ausgedrückte Differenz zwischen Nettoverkaufspreis und Einstandspreis, bezogen auf den Nettoverkaufspreis (= 100 %).

Formel Handelsspanne:

$$\textbf{Handelsspanne} = \frac{(\text{Nettoverkaufspreis} - \text{Einstandspreis}) \cdot 100\ \%}{\text{Nettoverkaufspreis}}$$

Berechnung der Handelsspanne auf der Grundlage der GuV-Rechnung:

	Nettoverkaufspreis (Umsatzerlöse netto)	322.689,08 €
–	Einstandspreis (Wareneinsatz)	193.474,27 €
	Differenz	129.214,81 €

Nettoverkaufspreis (Umsatzerlöse netto) 322.689,08 € = 100 %
Differenz 129.214,81 € = x

$$x = \frac{100\ \% \cdot 129.214{,}81\ €}{322.689{,}08\ €} = 40{,}043\ \% \approx \mathbf{40{,}04\ \%}$$

Die Handelsspanne auf der Grundlage der GuV-Rechnung beträgt 40,04 %.

%		,	
4	0	0	4

©U-Form Verlag – Kopieren verboten!

Kleine Formelsammlung: Kalkulation

Kalkulationsschema:

	Listenpreis
–	Liefererrabatt
=	Zieleinkaufspreis
–	Liefererskonto
=	Bareinkaufspreis
+	Bezugskosten
=	Bezugs-/ Einstandspreis
+	Handlungskostenzuschlag
=	Selbstkostenpreis
+	Gewinnzuschlag
=	Nettoverkaufspreis
+	Mehrwertsteuer
=	Bruttoverkaufspreis

Formel Handlungskostenzuschlag:

$$\textbf{Handlungskostenzuschlag (HKZ)} = \frac{\text{Handlungskosten} \cdot 100\ \%}{\text{Einstandspreis}}$$

Formel Gewinnzuschlag:

$$\textbf{Gewinnzuschlag} = \frac{\text{Gewinn in Euro} \cdot 100\ \%}{\text{Selbstkostenpreis}}$$

Formel Kalkulationszuschlag:

$$\textbf{Kalkulationszuschlag} = \frac{(\text{Bruttoverkaufspreis} - \text{Einstandspreis}) \cdot 100\ \%}{\text{Einstandspreis}}$$

Formel Kalkulationsfaktor:

$$\textbf{Kalkulationsfaktor} = \frac{\text{Bruttoverkaufspreis}}{\text{Einstandspreis (Wareneinsatz)}}$$

Formel Kalkulationsabschlag:

$$\textbf{Kalkulationsabschlag} = \frac{(\text{Bruttoverkaufspreis} - \text{Einstandspreis}) \cdot 100\ \%}{\text{Bruttoverkaufspreis}}$$

Formel Handelsspanne:

$$\textbf{Handelsspanne} = \frac{(\text{Nettoverkaufspreis} - \text{Einstandspreis}) \cdot 100\ \%}{\text{Nettoverkaufspreis}}$$

© U-Form Verlag – Kopieren verboten!

2.14 Wareneingangskontrolle

Die Auswahlantworten **1.** und **3.** sind richtig 1 3

Damit der Einzelhändler sein Recht auf Reklamation bei einer mangelhaften Lieferung nicht verliert, muss er bereits bei der Warenannahme verschiedene Überprüfungen vornehmen.

Bei der Übergabe der Lieferung durch den Frachtführer muss die Anschrift, die Anzahl der Versandstücke und die Unversehrtheit der Versandverpackung überprüft werden.

Bei Unstimmigkeiten wird folgendermaßen verfahren:

- Bei einer falschen Anschrift lehnt der Einzelhändler die Annahme der Warensendung ab.
- Schäden an der äußeren Verpackung lässt sich der Einzelhändler durch den Frachtführer bestätigen.
- Weicht die gelieferte Anzahl der Versandstücke von der angegebenen Anzahl laut Lieferschein ab, lässt sich der Einzelhändler dies ebenfalls bestätigen.

Der Adressaufkleber der Spedition Blohm dokumentiert, dass die Warenlieferung aus 12 Paketen à 30 kg besteht, geliefert wurden jedoch nur 10 Pakete. Herr Scholz lässt sich die fehlenden Pakete durch den Spediteur bestätigen und setzt sich anschließend mit dem Lieferanten in Verbindung, um die weitere Vorgehensweise zu klären.

2.15 Wareneingangsbearbeitung

Die Auswahlantworten **2.** und **4.** sind richtig. 2 4

Wurde die Sendung ordnungsgemäß angeliefert, nimmt der Einzelhändler unverzüglich eine detaillierte Überprüfung der Warenlieferung vor. Dazu wird die Ware ausgepackt und anhand des Bestell- und Lieferscheins auf die richtige Anzahl, die Art und Beschaffenheit überprüft.

Der Vergleich von Bestell- und Lieferschein zeigt, dass statt der bestellten Schultertasche, schwarz (Artikel-Nr. 6546845), der Artikel Schultertasche, braun (Artikel-Nr. 6546846) geliefert wurde. Damit liegt ein Sachmangel vor.
Ein Sachmangel liegt immer dann vor, wenn der gelieferten Ware eine zugesicherte Eigenschaft fehlt (Qualitätsmangel, Mangel in der Güte), eine Ware beschädigt ist oder eine andere Ware als vereinbart geliefert wurde (Gattungsmangel, Mangel in der Art).

Ergeben sich Differenzen zu der Bestellung oder weist die Ware Mängel auf, ist der Einzelhändler verpflichtet, dies unverzüglich zu rügen.

Ist die Warensendung einwandfrei, wird sie zur Warenauszeichnung weitergeleitet und anschließend in das Verkaufs- oder Reservelager einsortiert.

2.16 Mangelhafte Lieferung

Ein Sachmangel liegt vor, wenn die gelieferte Ware nicht die im Kaufvertrag vereinbarte Beschaffenheit hat, eine falsche Ware oder zuwenig Ware geliefert wurde.
Ein Sachmangel liegt auch vor, wenn die vereinbarte Montage der Sache durch den Verkäufer unsachgemäß durchgeführt wurde oder bei einer zur Montage bestimmten Sache, die Montageanleitung fehlerhaft ist, es sei denn, die Sache ist fehlerfrei montiert worden (§ 434 BGB).

Damit bei einem zweiseitigen Handelskauf (Kaufvertrag unter Kaufleuten) die Rechte aus der mangelhaften Lieferung gewahrt bleiben, muss der Einzelhändler die Ware nach der Lieferung unverzüglich prüfen (Prüfpflicht) und bei einem Mangel unverzüglich rügen (Rügepflicht).
Bei einem versteckten Mangel muss der Käufer unverzüglich nach dem Entdecken des Mangels rügen und zwar innerhalb von zwei Jahren.

Bei der Mängelrüge sollte der Käufer dem Verkäufer exakt mitteilen

- um welche Lieferung es sich handelt,
- welcher Mangel festgestellt wurde,
- dass Gewährleistungsansprüche geltend gemacht werden und
- innerhalb welcher festgelegten Frist er um Rückantwort bittet.

Der Käufer ist verpflichtet die beanstandete Ware bis zur Klärung aufzubewahren (Aufbewahrungspflicht).
Eine Ausnahme bildet verderbliche Ware, die der Käufer ohne vorherige Mitteilung an den Verkäufer z. B. öffentlich versteigern kann (Selbsthilfeverkauf).

a) Bitte um Rückantwort innerhalb einer festgelegten Frist.	4
b) Empfangsbestätigung der genau bezeichneten Lieferung.	1
c) Exakte Beschreibung des festgestellten Mangels.	2
d) Geltendmachung von Gewährleistungsansprüchen.	3
e) Nach erfolgter Rüge wird die Ware bis zur Klärung durch den Lieferanten sorgfältig aufbewahrt.	5

© U-Form Verlag – Kopieren verboten!

2.17 Sachmängelhaftung

Die Auswahlantwort **2.** ist richtig. 2

Da die Koffer aufgrund der Flecken unverkäuflich scheinen, die Ware aber für die Sonderaktion zur Neueröffnung bestimmt ist, bittet Herr Scholz um die Nachlieferung von 10 mangelfreien Koffern.

Bei der mangelhaften Lieferung hat der Käufer zunächst das Recht auf **Nacherfüllung**, und zwar wahlweise als

- **Nachbesserung**, d. h. die Beseitigung des Mangels oder
- **Nachlieferung**, d. h. die Lieferung einer einwandfreien Ware.

Der Verkäufer hat dabei alle im Rahmen der Nacherfüllung entstehenden Aufwendungen, wie z. B. Material- und Transportkosten, zu tragen.

Der Verkäufer ist allerdings berechtigt, die vom Käufer verlangte Art der Nacherfüllung abzulehnen, wenn diese unmöglich ist (z. B. Lieferung eines zwischenzeitlich durch einen Unfall zerstörten Gebrauchtwagens) oder mit unverhältnismäßig hohen Kosten verbunden ist (z. B. wenn die Reparaturkosten eines Taschenrechners für 5 Euro den eigentlichen Wert der Ware übersteigen). Der Kunde hat dann nur Anspruch auf die andere Art der Nacherfüllung.

Der Verkäufer hat zweimal Gelegenheit, den Mangel zu beseitigen. Gelingt dies nicht, gilt die Nachbesserung als fehlgeschlagen, und der Käufer kann wahlweise folgende Rechte in Anspruch nehmen:

- **Preisminderung**
- **Rücktritt vom Kaufvertrag**
- **Schadenersatz statt Leistung** (kann nur dann verlangt werden, wenn dem Käufer tatsächlich ein Schaden entstanden ist, z. B. durch einen notwendigen Deckungskauf).
- **Ersatz vergeblicher Aufwendungen** (dazu zählen Aufwendungen, die der Käufer nachweislich in dem Vertrauen gemacht hat, die bestellte Ware zu erhalten).

Bei einem geringfügigen Mangel ist der Rücktritt vom Kaufvertrag, Schadenersatz statt Leistung oder Ersatz vergeblicher Aufwendungen nicht möglich.

Beispiele für geringfügige Mängel:

- Bei einem Neuwagen ist das Autoradio defekt.
- An einem Fahrrad funktioniert der Dynamo nicht.
- Bei einem Kühlschrank ist der Türgriff locker.

Die Verjährungsfrist der Mängelansprüche beträgt in der Regel zwei Jahre. Hat der Verkäufer den Mangel arglistig verschwiegen, gilt die regelmäßige Verjährungsfrist von drei Jahren.

©U-Form Verlag – Kopieren verboten!

2.18 Preisauszeichnung

a) Die Auswahlantworten **2.**, **3.** und **5.** sind richtig. 2 3 5

Im Rahmen des computergestützten Warenwirtschaftssystems muss die Warenauszeichnung maschinenlesbar codiert sein (z. B. über den GTIN-Code), damit über die Zentraleinheit der entsprechende Preis abgerufen werden kann.

Der Einzelhändler ist durch das Nutzen des computergestützten Warenwirtschaftssystems natürlich nicht von der Pflicht zur Preisauszeichnung befreit. Er muss, um die Anforderungen der Preisangabenverordnung zu erfüllen, seine Ware so auszeichnen, dass der für die jeweilige Ware zugehörige Preis vom Kunden eindeutig zuzuordnen ist.
Der Vorteil dieses Systems liegt u. a. darin, dass auf eine aufwändige Preisauszeichnung jedes einzelnen Artikels verzichtet werden kann, da die Preise über die Zentraleinheit abgerufen werden. Eine eindeutige Auszeichnung am Warenträger reicht aus. Insbesondere bei Preisänderungen entfällt damit die sehr zeitintensive Umetikettierung.

Große Handelsketten bieten ihren Kunden die Möglichkeit, an fest installierten Scannern innerhalb des Verkaufsraums, die Preise durch Einscannen des Strichcodes selbst zu erfragen oder zu überprüfen.

b) die Auswahlantwort **3.** ist richtig. 3

Die Preisangabenverordnung gilt für alle Waren, die in Schaufenstern sowie innerhalb und außerhalb des Verkaufsraums für den Kunden sichtbar aufgestellt sind oder die vom Verbraucher unmittelbar entnommen werden können.

Um den Grundsätzen der Preisklarheit und Preiswahrheit zu entsprechen, müssen die Preise aus dem Angebot oder der Werbung den Waren eindeutig zugeordnet, leicht erkennbar und deutlich lesbar sein.

Die Pflicht der Preisauszeichnung ermöglicht dem Verbraucher die Möglichkeit des Preisvergleichs.

Die Preisangabenverordnung schreibt dem Einzelhändler u. a. vor, dass

- die Preise für Waren oder Dienstleistungen einschließlich der Mehrwertsteuer anzugeben sind (Bruttoverkaufspreise),
- zusätzlich die Verkaufseinheit und die Gütebezeichnung anzugeben ist,
- bei Fertigpackungen auch der Grundpreis je Mengeneinheit (z. B. Meter, Kilogramm oder Liter) anzugeben ist,
- alle zum Verkauf bestimmten Waren im Schaufenster und Verkaufsraum durch deutlich lesbare und eindeutig zuzuordnende Preisschilder auszuzeichnen sind.

Ausnahmen von dieser Regelung gelten u.a. bei Antiquitäten, Kunstgegenständen, Sammlerstücken und Blumen, die direkt vom Freiland verkauft werden.

© U-Form Verlag – Kopieren verboten!

2.19 Warenlagerung

a) Die Auswahlantwort **5.** ist richtig. 5

Um Lagerverluste durch Verderb oder Beschädigung zu vermeiden, muss der Einzelhändler seine Ware übersichtlich und ihren Eigenschaften entsprechend lagern. Das bedeutet zum Beispiel, dass Waren in trockenen und sauberen Räumen verwahrt werden, unverpackte Waren vor Staub zu schützen sind, lichtempfindliche Ware nicht direkter Sonneneinstrahlung oder anderen starken Lichtquellen ausgesetzt wird und dass verdorbene Ware rechtzeitig aussortiert werden muss.

Generell gilt der Grundsatz **„First in – first out"**, d. h. neue Ware wird **hinter** der alten Ware einsortiert, damit die Ware, die zuerst eingelagert wurde, auch zuerst verkauft wird und nicht verdirbt und damit unverkäuflich wird.

b) Die Auswahlantwort **3.** ist richtig. 3

Für Waren, von denen eine Gefahr ausgeht, gelten besondere Sicherheitsvorschriften. Solche Waren können entweder eine direkte gesundheitliche Belastung darstellen oder bergen Risiken für das Umfeld durch z. B. Explosion oder Brand. Sie dürfen nur an dafür geeigneten Orten gelagert werden, an denen sie zu keiner Gefährdung der Beschäftigten oder anderer Personen führen. Die Gefahrstoffverordnung schreibt die Kennzeichnung dieser Artikel mit entsprechenden Gefahrenpiktogrammen vor, außerdem sind bei der Aufbewahrung bestimmte Maßnahmen zu beachten.

Spraydosen beispielsweise müssen in Lagerräumen aufbewahrt werden, die gut belüftet sind und den Anforderungen der Bauaufsicht entsprechen. Sie dürfen keiner Erwärmung über 50°C durch Sonnenbestrahlung oder andere Wärmequellen ausgesetzt sein und dürfen nicht in Durchgängen, Treppenhäusern oder Fluren gelagert werden. In den Lagerräumen ist das Rauchen, der Umgang mit offenem Feuer oder offenem Licht nicht zulässig.

Die Gewerbeaufsichtsämter und die Berufsgenossenschaften sind für die Überwachung der Sicherheit der Lager zuständig.

Beispiele für Gefahrenpiktogramme des „Global Harmonized System" (GHS) Quelle: www.unece.org

explosions-gefährlich	extrem entzündlich	brand-fördernd (Oxidati-onsmittel)	unter Druck stehende Gase	ätzend/ korrosiv	Lebens-gefahr/ giftig	gesund-heitsschäd-lich/reizend	systemische Gesund-heitsgefahr	umwelt-schädlich

Stand: 11/2017

c) Bei der Dreisatzrechung wird aus mindestens drei bekannten Werten durch folgerichtige Schlussfolgerung die vierte zu suchende Größe ermittelt.

Der Dreisatz geht in drei Schritten vor:

1. Der **Bedingungssatz** setzt die angegebenen Werte in die erste Zeile. Die gesuchte Einheit steht rechts.
2. Der **Fragesatz** setzt die Frage in die zweite Zeile. Gleiche Einheiten stehen immer untereinander.
3. Der **Bruchsatz** steht in der dritten Zeile.

Fortsetzung auf der nächsten Seite

©U-Form Verlag – Kopieren verboten!

2.19 Warenlagerung

Fortsetzung

c) Beim einfachen **Dreisatz mit geradem Verhältnis** vermehren und vermindern sich die Werte in gleichem Verhältnis **(Je mehr, desto mehr/Je weniger, desto weniger).**

Für die Bildung des Bruchsatzes bedeutet dies, die gegebene **Einheit des Fragesatzes wird in den Zähler gestellt,** die Einheit des Bedingungssatzes in den Nenner.

Beim einfachen **Dreisatz mit ungeradem Verhältnis** verändern sich die Werte gegensätzlich. **(Je mehr, desto weniger/Je weniger, desto mehr).**

Für die Bildung des Bruchsatzes bedeutet dies, die gegebene **Einheit des Fragesatzes wird in den Nenner gestellt,** die Einheit des Bedingungssatzes in den Zähler.

Der Wert über dem x steht immer im Zähler.

Wie viele Aushilfen müssen zur Verfügung gestellt werden?

1. Bedingungssatz: 48 Arbeitsstunden = 4 Aushilfen
2. Fragesatz: 32 Arbeitsstunden = x
3. Bruchsatz: $x = \frac{4 \text{ Aushilfen} \cdot 48 \text{ Stunden}}{32 \text{ Arbeitsstunden}} = \mathbf{6\ Aushilfen}$

Es handelt sich um einen Dreisatz mit ungeradem Verhältnis. Damit die gleiche Arbeit in kürzerer Zeit geleistet wird, müssen mehr Aushilfen zur Verfügung stehen.

Um die gleiche Arbeit in 32 Stunden zu leisten, müssen 6 Aushilfen zur Verfügung stehen. Aushilfen: 6

2.20 Lagerrisiko

Die Auswahlantwort **3.** ist richtig. 3

Die Lagerrisiken des Einzelhändlers liegen vor allem in zu hohen Lagerbeständen, die Kosten aufgrund der hohen Kapitalbindung verursachen und die Gefahr des mengen- und wertmäßigen Verlusts aufgrund von Mode- und Geschmackswandel, technischem Fortschritt, Preisverfall, Schwund und Verderb bergen.

Aber auch zu niedrige Lagerbestände stellen für den Einzelhändler ein Lagerrisiko dar, da er damit seine eigene Lieferfähigkeit gefährdet, damit die Nachfrage seiner Kunden nicht befriedigen kann und dies zu Umsatz- und zu Kundenverlusten führt.

Zur Verringerung dieser Lagerrisiken ist eine laufende Lagerkontrolle und die Auswertung der Lagerkennzahlen des Warenwirtschaftssystems zwingend notwendig.

Gegen Lagerrisiken durch Brand, Diebstahl oder Wasserschäden kann sich der Einzelhändler versichern.

© U-Form Verlag – Kopieren verboten!

2.21 Meldebestand

Die Auswahlantwort **2.** ist richtig. 2

Wenn der Tagesabsatz für einen Artikel steigt und die Lieferzeit und der Mindestbestand gleich bleiben, muss der Meldebestand erhöht werden.

Der Meldebestand muss erhöht werden, wenn

- der tägliche Absatz, durch eine Steigerung der Nachfrage aufgrund von Sonderaktionen, Werbung oder anderen verkaufsfördernden Maßnahmen steigt,
- sich die Lieferzeit durch einen Lieferantenwechsel oder ein geringeres Angebot am Markt erhöht,
- der Mindestbestand (eiserne Bestand) erhöht wurde, da er häufig angegriffen werden musste.

Formel Meldebestand:

Meldebestand = (Tagesabsatz · Lieferzeit) + Mindestbestand

2.22 Absatz

a) Unter Absatz versteht man die Anzahl der verkauften Waren innerhalb eines bestimmten Zeitraums. Mit Hilfe der Lagerdaten des Warenwirtschaftssystems kann der Absatz wie folgt ermittelt werden:

	Anfangsbestand	01.06.2017	23 Stück
+	Wareneingang am	06.06.2017	10 Stück
+	Wareneingang am	13.06.2017	6 Stück
–	Endbestand am	30.06.2017	8 Stück
=	**Absatz in Stück**		**31 Stück**

Stück 3 1

Im Monat Juni 2017 wurden von den Handtaschen der Firma Exzellent 31 Stück abgesetzt.

b) Die Auswahlantwort **2.** ist richtig. 2

Zur Ermittlung der prozentualen Veränderung des Absatzes des Monats Juni 2017 gegenüber dem Absatz des Monats Juni 2016 müssen Sie zunächst die Differenz ermitteln.

Absatz Juni 2016	40 Stück
Absatz Juni 2017	31 Stück
Differenz	9 Stück

Die Differenz in Stück wird in ein prozentuales Verhältnis zum Absatz des Monats Juni 2016 (= 100 %) gesetzt.

Absatz Juni 2016	40 Stück	= 100 %
Differenz	9 Stück	= x

$$x = \frac{100\ \% \cdot 9\ \text{Stück}}{40\ \text{Stück}} = \mathbf{22{,}50\ \%}$$

Der Absatz des Monats Juni 2017 ist gegenüber des Vergleichsmonats des Vorjahres um 22,50 % gesunken.

2.23 Lagerkennziffern

Um die Wirtschaftlichkeit der Lagerhaltung zu kontrollieren, werden vom Einzelhändler regelmäßig Lagerkennziffern errechnet. Hierzu gehören u. a. die Lagerbestandsgrößen: **Mindestbestand**, **Meldebestand**, **Höchstbestand** sowie **durchschnittlicher Lagerbestand** und die Lagermesszahlen **Lagerumschlagshäufigkeit**, **Lagerdauer** und **Lagerzinssatz**.

Die Ergebnisse dieser Berechnung bilden die Grundlage für unternehmerische Entscheidungen und für die Kalkulation.

a) **Berechnung des durchschnittlichen Lagerbestandes in Euro:**

Formel Durchschnittlicher Lagerbestand:

$$\textbf{Durchschnittlicher Lagerbestand} = \frac{\text{Anfangsbestand} + \text{6 Monatsendbestände}}{7}$$

Addition der Lagerendbestände

	6.100,00 €	Lagerendbestand 01.17
+	7.500,00 €	Lagerendbestand 02.17
+	7.800,00 €	Lagerendbestand 03.17
+	6.900,00 €	Lagerendbestand 04.17
+	6.200,00 €	Lagerendbestand 05.17
+	8.500,00 €	Lagerendbestand 06.17
=	43.000,00 €	

$$\text{Durchschnittlicher Lagerbestand} = \frac{\text{Anfangsbestand } 5.895{,}00\text{ €} + \text{6 Monatsendbestände } 43.000{,}00\text{ €}}{7}$$

$$= \mathbf{6.985{,}00\ €}$$

Der durchschnittliche Lagerbestand für das 1. Halbjahr 2017 beträgt 6.985,00 €.

€				ct	
6	9	8	5	0	0

b) **Berechnung der Lagerumschlagshäufigkeit**

Formel Lagerumschlag:

$$\textbf{Lagerumschlag} = \frac{\text{Wareneinsatz}}{\text{Durchschnittlicher Lagerbestand}}$$

$$\text{Lagerumschlag} = \frac{19.558{,}00\text{ €}}{6.985{,}00\text{ €}} = \mathbf{2{,}80}$$

Der Lagerumschlag betrug 2,80.

2	8	0

Fortsetzung auf der nächsten Seite

© U-Form Verlag – Kopieren verboten!

2.23 Lagerkennziffern

Fortsetzung

c) **Berechnung der Lagerdauer** (für ein Halbjahr)

Formel Lagerdauer für ein ganzes Jahr:

$$\textbf{Lagerdauer} = \frac{360}{\text{Lagerumschlag}}$$

Formel Lagerdauer für ein Halbjahr:

$$\textbf{Lagerdauer} = \frac{180}{\text{Lagerumschlag}}$$

$$\text{Lagerdauer} = \frac{180}{2{,}80} = 64{,}29 \text{ Tage} = \textbf{64 Tage}$$

Die Lagerdauer betrug im Sortimentsbereich Lederhandtaschen 64 Tage.

Tage: 6 4

d) **Berechnung des Rohgewinns in Euro**

Der Rohgewinn ist die Differenz zwischen dem Nettoverkaufspreis und dem Wareneinsatz (Einstandspreis). Zur Ermittlung des Nettoumsatzes muss der Bruttoverkaufspreis (Umsatzerlöse brutto) um die Mehrwertsteuer bereinigt werden.

Bruttoverkaufspreis 119 % = 34.720,00 €
Nettoverkaufspreis 100 % = x

$$x = \frac{34.720{,}00 \text{ €} \cdot 100 \text{ \%}}{119 \text{ \%}} = 29.176{,}47 \text{ € Nettoverkaufspreis}$$

	Nettoverkaufspreis	29.176,47 €
–	Wareneinsatz	19.558,00 €
=	**Rohgewinn**	**9.618,47 €**

Der Sortimentsbereich Lederhandtaschen hat im 1. Halbjahr 2017 einen Rohgewinn von 9.618,47 € erzielt.

€ , ct: 9 6 1 8 | 4 7

©U-Form Verlag – Kopieren verboten!

2.24 Meldebestand/Mindestbestand

Der **Meldebestand** ist der Bestand, bei dessen Erreichen neue Ware bestellt werden muss. Dieser Wert muss so hoch bemessen sein, dass beim Eingang der neuen Ware gerade der Mindestbestand erreicht wird.
Bei der Berechnung muss neben dem Mindestbestand zusätzlich der tägliche Absatz und die Lieferzeit berücksichtigt werden.

Der **Mindestbestand** (auch eiserne Bestand oder Sicherheitsbestand) sollte ständig am Lager sein. Er muss so bemessen sein, dass bei unvorhergesehenen Ereignissen wie z. B. Lieferschwierigkeiten ein reibungsloser Verkauf gewährleistet bleibt. Dieser Bestand darf nur in Ausnahmefällen angegriffen werden.

Formel Meldebestand:

Meldebestand = (Tagesabsatz · Lieferzeit) + Mindestbestand

a) **Berechnung des Mindestbestandes:**

Zur Berechnung des Mindestbestandes multipliziert man den täglichen Absatz mit der Anzahl der Tage, für die der Sicherheitsbestand durch die Geschäftsführung festgelegt wurde.

Tagesabsatz 4 Stück x 5 Tage Sicherheit = **20 Stück**

Der Mindestbestand (Sicherheitsbestand) für den Einkaufskorb „City" beträgt 20 Stück.

Stück: 2 0

Berechnung des Meldebestandes:

Die Berechnung des Meldebestandes für den Einkaufskorb „City" erfolgt durch Einsetzen der entsprechenden Werte in die Formel.

Meldebestand = (4 Stück · 8 Tage) + 20 Stück = **52 Stück**

Der Meldebestand für den Einkaufskorb „City" beträgt 52 Stück.

Stück: 5 2

b) Verringert sich die Lieferzeit eines Artikels unter Beibehaltung des durchschnittlichen Tagesabsatzes und des Mindestbestandes, kann der Meldebestand verringert werden.

Berechnung des neuen Meldebestandes:

Meldebestand = (4 Stück · 6 Tage) + 20 Stück = **44 Stück**

Aufgrund der veränderten Lieferzeit kann der Meldebestand um 8 Stück auf 44 Stück verringert werden.

Stück: 4 4

© U-Form Verlag – Kopieren verboten!

2.25 Lagerkennziffern

a) Der durchschnittliche Lagerbestand gibt an, wie hoch der Lagerbestand durchschnittlich im Laufe eines bestimmten Zeitraumes (z. B. Monat, Quartal, Jahr) war. Er wird entweder als Mengeneinheit (Stück, Kilogramm, Meter) oder als Werteinheit (in Euro) auf der Grundlage der Einstandspreise angegeben.

Formel durchschnittlicher Lagerbestand:

$$\textbf{Durchschnittlicher Lagerbestand} = \frac{\text{Jahresanfangsbestand} + \text{Jahresendbestand}}{2}$$

$$\textbf{Durchschnittlicher Lagerbestand} = \frac{\text{Jahresanfangsbestand} + \text{3 Monatsendbestände}}{4}$$

Anfangsbestand 01.01.2017 42 Stück

3 Endbestände:

31.01.2017	37 Stück
28.02.2017	+ 36 Stück
31.03.2017	+ 41 Stück
	= 114 Stück

$$\textbf{Durchschnittlicher Lagerbestand} = \frac{\text{42 Stück} + \text{114 Stück}}{4} = \textbf{39 Stück}$$

Der durchschnittliche Lagerbestand des Einkaufskorbs „City" im 1. Quartal 2017 beträgt 39 Stück.

Stück: 3 9

b) Unter **Wareneinsatz** versteht man den Wert der verkauften Waren zum Einstandspreis.

Berechnung der abgesetzten Stückzahlen im 1. Quartal:

01.01. – 31.01.2017	116 Stück
01.02. – 28.02.2017	132 Stück
01.03. – 31.03.2017	118 Stück
	366 Stück

Im 1. Quartal 2017 wurden 366 Stück verkauft. Wird dieser Wert mit dem Einstandspreis multipliziert, so erhält man den Wareneinsatz.

€ , ct: 3 6 0 5 | 1 0

366 Stück x 9,85 € = **3.605,10 €**

Der Wareneinsatz für den Einkaufskorbs „City" im 1. Quartal 2017 beträgt 3.605,10 €.

Fortsetzung auf der nächsten Seite

2.25 Lagerkennziffern

Fortsetzung

b) Unter **Umsatz**/Umsatzerlöse versteht man den Wert der verkauften Waren zum Bruttoverkaufspreis.

Zur Berechnung der Umsatzerlöse (netto) muss der in diesem Wert enthaltene Mehrwertsteueranteil herausgerechnet werden.

Im 1. Quartal 2017 wurden 366 Stück verkauft. Wird dieser Wert mit dem Bruttoverkaufspreis multipliziert, so erhält man den Umsatz/die Umsatzerlöse (brutto).

366 Stück · 19,90 € = 7.283,40 Umsatzerlöse (brutto)

Umsatzerlöse (brutto)	119%	=	7.283,40 €
Umsatzerlöse (netto)	100%	=	x

$$x = \frac{7.283{,}40\ € \cdot 100\ \%}{119\ \%} = \mathbf{6.120{,}50\ €}\ \text{Umsatzerlöse (netto)}$$

Die Umsatzerlöse (netto) des Einkaufskorbs „City“ im 1. Quartal 2017 betragen 6.120,50 €.

€				ct	
6	1	2	0	5	0

c) Auswahlantwort **3.** ist richtig. 3

Aufgrund der fehlerhaften Eingabe geht das Warenwirtschaftssystem von einem um 30 Stück erhöhten Sollwarenbestand aus. Die Ware wäre damit verkauft, bevor vom System eine neue Bestellung ausgelöst wird, und es käme zu Verkaufsstockungen.

Wurde versehentlich eine zu hohe Menge im Warenwirtschaftssystem erfasst, ist die nachträgliche manuelle Korrektur im Warenwirtschaftssystem notwendig, damit das System den richtigen Sollwarenbestand ausweist.
Dies ist eine wichtige Voraussetzung, um die aktuellen Warenbestände abrufen zu können, den richtigen Bestellzeitpunkt und die richtige Bestellmenge zu ermitteln und um Inventurdifferenzen zu vermeiden.

© U-Form Verlag – Kopieren verboten!

2.26 Lagerumschlag

Die Auswahlantwort **1.** ist richtig. 1

Der Einzelhändler kauft Waren mit dem Ziel ein, sie nach möglichst kurzer Zeit wieder zu verkaufen. Je länger er die Ware lagern muss, desto höher sind seine Lagerkosten und umso stärker wird sein Gewinn geschmälert.
Daher versucht er die Ware schnell umzusetzen und eine möglichst kurze Lagerdauer zu erreichen, um die Kosten und das Absatzrisiko zu minimieren.
Im Zusammenhang mit dem Lagerumschlag ist insbesondere auf die Veränderung der Werte des Wareneinsatzes und des durchschnittlichen Lagerbestandes zu achten.

Der Lagerumschlag der Einzelhandelsunternehmung steigt,

- wenn der Wareneinsatz steigt und der durchschnittliche Lagerbestand gleich bleibt.
- wenn der Wareneinsatz steigt und der durchschnittliche Lagerbestand abnimmt,
- wenn der Wareneinsatz gleich bleibt und der durchschnittliche Lagerbestand abnimmt,
- wenn der Wareneinsatz in höherem Maße steigt als der durchschnittliche Lagerbestand.

2.27 Lagerzinssatz

a) Die Auswahlantwort **3.** ist richtig. 3

Die Lagerbestände binden das Kapital des Einzelhändlers und verursachen damit Zinskosten. Die tatsächliche Höhe der Lagerzinsen hängt von der Lagerdauer ab. Steigt die Lagerdauer, steigen auch die Lagerzinsen.

Die kalkulatorischen Lagerzinsen werden anhand des aktuellen Jahreszinssatzes der Bank, der durchschnittlichen Lagerdauer und des durchschnittlichen Lagerbestands (zu Einkaufspreisen) errechnet und in der Kalkulation bei den Handlungskosten verrechnet.

b) Aus dem Jahreszinssatz und der Lagerdauer kann mithilfe eines Dreisatzes der Lagerzinssatz ermittelt werden:

Formel Lagerzinssatz

$$\textbf{Lagerzinssatz} = \frac{\text{Jahreszinssatz} \cdot \text{Lagerdauer}}{360}$$

$$\begin{aligned} 360 \text{ Tage} &= 8\ \% \\ 90 \text{ Tage} &= x \end{aligned}$$

$$X = \frac{8\ \% \cdot 90 \text{ Tage}}{360 \text{ Tage}} = \mathbf{2\ \%}$$

Der Lagerzinssatz beträgt 2 %. % 2

Mit dem Lagerzinssatz werden nun mittels Prozentrechnung die kalkulatorischen Lagerzinsen vom durchschnittlichen Lagerbestand (zu Einkaufspreisen) errechnet.

©U-Form Verlag – Kopieren verboten!

2.28 Lagerkennziffern

a) Die Auswahlantwort **5.** ist die gesuchte Lösung. 5

Unter der Voraussetzung, dass der Umsatz unverändert bleibt, hat ein verringerter Lagerbestand folgende Auswirkungen:

- er führt zu einer Verringerung des Kapitalbedarfs und der Kapitalbindung für die Warenbestände,
- er führt zu einer Verminderung des Lagerrisikos,
- er führt zu einer Erhöhung der Lagerumschlagshäufigkeit,
- er führt zu einer Verkürzung der durchschnittlichen Lagerdauer,
- er führt eventuell zu einer Erhöhung des Risikos der eigenen Lieferfähigkeit.

b) Die Auswahlantwort **3.** ist richtig. 3

Unter Lagerdauer versteht man die Zeit zwischen dem Eingang einer Ware bis zu ihrem Verkauf. Sie zeigt an, wie viele Tage der durchschnittliche Lagerbestand am Lager ist.

Formel Lagerdauer:

$$\textbf{Lagerdauer} = \frac{360}{\text{Lagerumschlag}}$$

$$\text{Lagerdauer} = \frac{360}{6} = \textbf{60 Tage}$$

Bei einem Lagerumschlag von 6 beträgt die durchschnittliche Lagerdauer 60 Tage.

© U-Form Verlag – Kopieren verboten!

Formel Meldebestand:

Meldebestand = (Tagesabsatz · Lieferzeit) + Mindestbestand

Durchschnittlicher Lagerbestand:

$$\textbf{Durchschnittlicher Lagerbestand} = \frac{\text{Jahresanfangsbestand + Jahresendbestand}}{2}$$

$$\textbf{Durchschnittlicher Lagerbestand} = \frac{\text{Jahresanfangsbestand + 12 Monatsendbestände}}{13}$$

Lagerumschlag:

$$\textbf{Lagerumschlag} = \frac{\text{Wareneinsatz}}{\text{Durchschnittlicher Lagerbestand}}$$

Lagerdauer:

$$\textbf{Lagerdauer} = \frac{360}{\text{Lagerumschlag}}$$

2.29 Statistik

a) Zur Ermittlung der prozentualen Steigerung des Planumsatzes 2018 zum Ist-Umsatz 2017 muss zunächst die Differenz zwischen diesen Werten ermittelt werden.

Berechnung der Differenz zwischen dem Planumsatz 2018 und dem Ist-Umsatz 2017:

Planumsatz 2018	848.740,00 €
– Umsatz 2017	832.100,00 €
= Differenz	16.640,00 €

Berechnung des geplanten prozentualen Umsatzanstiegs gegenüber dem Ist-Umsatz 2017:

Umsatz 2017 832.100,00 € = 100 %
Differenz 16.640,00 € = x

$$x = \frac{100\ \% \cdot 16.640,00\ €}{832.100,00\ €} = \mathbf{2{,}00\ \%}$$

Der Planumsatz des Jahres 2018 liegt um 2,00 % über dem Ist-Umsatz des Jahres 2017.

%	,	
2	0	0

b) Um zu ermitteln, um wie viel Prozent der Umsatz im Bereich Kleinlederwaren im Jahr 2017 unter dem Planumsatz für das Jahr 2018 liegt, muss zunächst die Differenz zwischen diesen Werten ermittelt werden.

Berechnung der Differenz zwischen dem Planumsatz 2018 und dem Ist-Umsatz 2017 im Bereich Kleinlederwaren:

Planumsatz Kleinlederwaren 2018	159.570,00 €
– Umsatz Kleinlederwaren 2017	152.800,00 €
= Differenz	6.770,00 €

Berechnung, um wie viel Prozent der Ist-Umsatz 2017 im Bereich Kleinlederwaren unter dem Planumsatz 2018 liegt:

Planumsatz Kleinlederwaren 2018 159.570,00 € = 100 %
Differenz 6.770,00 € = x

$$x = \frac{100\ \% \cdot 6.770,00\ €}{159.570,00\ €} = \mathbf{4{,}24\ \%}$$

Im Sortimentsbereich Kleinlederwaren liegt der Umsatz des Jahres 2017 um 4,24 % unter dem Planumsatz für das Jahr 2018.

%	,	
4	2	4

c) Berechnung des prozentualen Anteils des Sortimentsbereiches Koffer am Planumsatz des Jahres 2018:

Planumsatz 2018 848.740,00 € = 100 %
Planumsatz Koffer 2018 228.580,00 € = x

Fortsetzung auf der nächsten Seite

© U-Form Verlag – Kopieren verboten!

Verkauf und Marketing 30

Frage

Was sind **Markenzeichen** (Warenzeichen)?

Verkäufer/Verkäuferin · Kaufmann/Kauffrau im Einzelhandel © 2017 U-Form Verlag

Verkauf und Marketing 59

Frage

Wie verhält sich der Verkäufer richtig, wenn sich ein Kunde trotz intensiver Beratung nicht zum Kauf entschließen kann?

Verkäufer/Verkäuferin · Kaufmann/Kauffrau im Einzelhandel © 2017 U-Form Verlag

Warenwirtschaft und Rechnungswesen 220

Frage

Was verstehen Sie unter dem Begriff **Mindestbestand**?

Verkäufer/Verkäuferin · Kaufmann/Kauffrau im Einzelhandel © 2017 U-Form Verlag

Warenwirtschaft und Rechnungswesen 256

Frage

Worin liegen wesentliche **Ursachen** für **Inventurdifferenzen**?

Verkäufer/Verkäuferin · Kaufmann/Kauffrau im Einzelhandel © 2017 U-Form Verlag

Wirtschafts- und Sozialkunde 408

Frage

Wie lange ist der Anbietende an sein **Angebot gebunden**?

Verkäufer/Verkäuferin · Kaufmann/Kauffrau im Einzelhandel © 2017 U-Form Verlag

Wirtschafts- und Sozialkunde 481

Frage

Das Berufsausbildungsverhältnis unterliegt einem besonderen Kündigungsschutz.

Unter welchen Voraussetzungen kann das Berufsausbildungsverhältnis gekündigt werden?

Verkäufer/Verkäuferin · Kaufmann/Kauffrau im Einzelhandel © 2017 U-Form Verlag

Unser komplettes Angebot für deine Prüfung findest du im Online-Shop: **www.u-form-shop.de**

Antwort

220

Der **Mindestbestand** (Sicherheitsbestand oder eiserner Bestand) sollte ständig am Lager sein.

Er muss so bemessen sein, dass bei unvorhergesehenen Ereignissen wie z. B. Lieferschwierigkeiten ein reibungsloser Verkauf gewährleistet bleibt.

Dieser Bestand darf nur in Ausnahmefällen angegriffen werden.

Antwort

59

Kann sich der Kunde trotz intensiver Beratung nicht zum Kauf entschließen, kann der Verkäufer

- die Auswahl einengen,
- die wichtigsten Verkaufsargumente noch einmal deutlich herausstellen,
- auf Testergebnisse unabhängiger Warenprüfinstitute hinweisen,
- ein Umtauschrecht einräumen,
- Serviceleistungen anbieten (z. B. Reservierung der Ware, Gewähren einer Auswahlsendung, Zustellservice),
- ggf. das Ausstellen eines Geschenkgutscheins vorschlagen.

Antwort

30

Markenzeichen (Warenzeichen) sind Schutzmarken, die der Unterscheidung der eigenen von fremden Waren dienen.

Durch Eintragung in das Markenregister des Patentamtes wird ein Schutzrecht erlangt, das nur dem eingetragenen Unternehmen das Recht zubilligt, Waren der angemeldeten Art, Aufmachung und Verpackung mit dem Markenzeichen zu nutzen.

Antwort

481

- Während der Probezeit kann das Ausbildungsverhältnis ohne Angabe von Gründen von beiden Seiten gekündigt werden.
- Nach der Probezeit darf eine Kündigung nur schriftlich erfolgen und nur
  - aus wichtigem Grund ohne Einhaltung einer Kündigungsfrist (z. B. Arbeitsverweigerung, Diebstahl)
  - vom Auszubildenden mit einer Kündigungsfrist von vier Wochen bei Aufgabe der Berufsausbildung bzw. bei Wechsel in eine andere Berufsausbildung.

Antwort

408

Der Anbietende ist nur so lange an sein Angebot gebunden, bis der Eingang der Antwort unter regelmäßigen Umständen erwartet werden kann. Das bedeutet,

- ein telefonisch abgegebenes Angebot muss sofort,
- ein per Fax oder E-Mail abgegebenes Angebot am gleichen Tag und
- ein briefliches Angebot innerhalb einer Woche

angenommen werden.

Antwort

256

Wesentliche **Ursachen** für **Inventurdifferenzen** sind:

- fehlerhafte Aufnahme der Bestände während der Inventur
- Warenein- bzw. Warenausgänge wurden falsch verbucht
- Warenausgänge wurden nicht erfasst
- beim Wareneingang wurde mehr Ware erfasst als geliefert wurde
- Diebstahl von Waren durch Kunden, Lieferanten und eigenes Personal wurde nicht bemerkt und dadurch nicht erfasst
- organisatorische Fehler

2.29 Statistik

Fortsetzung

$$x = \frac{100\ \% \cdot 228.580{,}00\ €}{848.740{,}00\ €} = \mathbf{26{,}93\ \%}$$

Der Sortimentsbereich Koffer hat einen Anteil von 26,93 % am gesamten Planumsatz für das Jahr 2018.

% ,
2 6 | 9 3

2.30 Statistik

a) Die Auswahlantworten **1., 2.** und **4.** sind richtig.

1 2 4

Die Aufgabe der Statistik ist es, Zahlenmaterial aus einzelnen Betriebsbereichen zu sammeln und vergleichbar zu machen. Mithilfe von Tabellen oder grafischen Darstellungen werden beispielsweise Umsatzzahlen, Lagerkosten, Personalkosten oder Gewinne zusammengefasst und ggf. in eine Beziehung gesetzt, um positive oder negative Entwicklungen deutlich zu machen.
Dabei ist darauf zu achten, dass der Betrachter keine umfangreichen zusätzlichen Informationen benötigt, um eine Auswertung vorzunehmen. Er soll schnell über die wesentlichen Zusammenhänge informiert werden. Eine sinnvolle, aussagekräftige und anschauliche Darstellung des Zahlenmaterials erleichtert die Auswertung.

Diagrammtypen

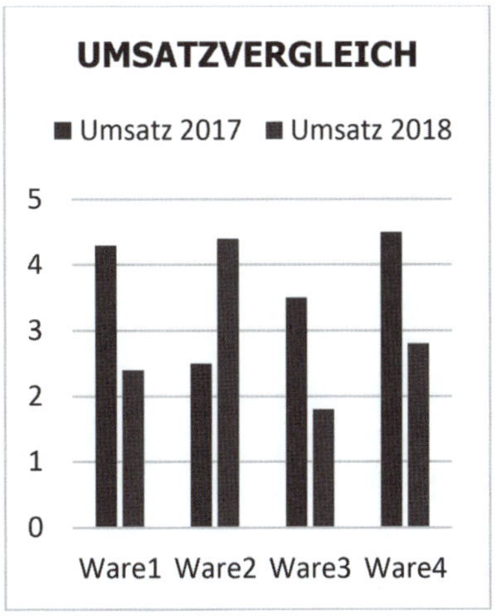

Stabdiagramm

Kurvendiagramm

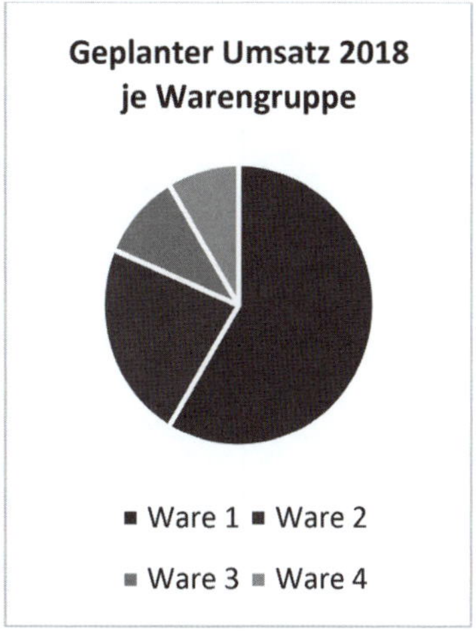

Kreisdiagramm

Fortsetzung auf der nächsten Seite

2.30 Statistik

Fortsetzung

b) Die Auswahlantworten **1.**, **2.** und **4.** sind richtig. 1 2 4

Die Beurteilung der Umsatzentwicklung im Vergleich zur Entwicklung anderer Abteilungen im Unternehmen, zu Mitbewerbern oder zum gesamten Einzelhandel ist von Bedeutung, um einschätzen zu können, wie erfolgreich Sie gearbeitet haben.

Sind die Umsätze rückläufig, ist nach Ursachen zu suchen, um dieser negativen Entwicklung entgegenzuwirken. Verlief die Entwicklung positiv, wird überprüft, worin der Erfolg begründet liegt, um diesen erfolgreichen Weg weiterzuverfolgen und auszubauen.

Der Vergleich der Statistiken zeigt, dass die Entwicklung Ihrer Abteilung in den letzten fünf Jahren insgesamt positiver verlaufen ist als im gesamten Einzelhandel (nominal).

Die folgende Grafik verdeutlicht den positiveren Verlauf der Umsätze Ihrer Abteilung im Vergleich zum gesamten Einzelhandel (nominal).

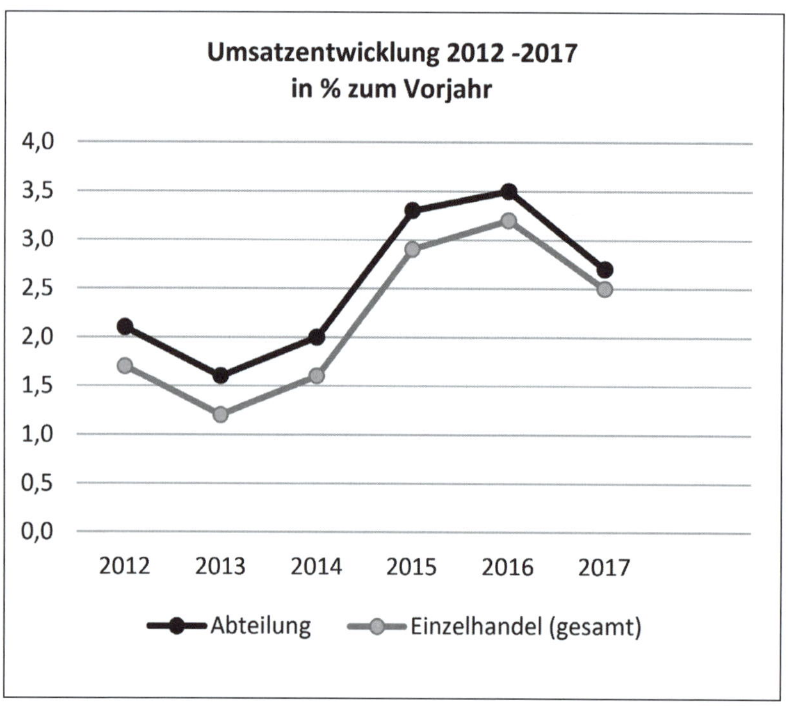

© U-Form Verlag – Kopieren verboten!

2.31 Inventur

Die Auswahlantwort **4.** ist richtig. 4

Die Durchführung einer Inventur ist durch das Handelsgesetzbuch (HGB § 240) und der Abgabenordnung (AO §§ 140, 141) gesetzlich vorgeschrieben.

Jeder Kaufmann hat zu Beginn seines Handelsgewerbes und zum Schluss eines jeden Geschäftsjahres ein Inventar über seine vorhandenen Vermögenswerte und Schulden aufzustellen.

Die Inventur bezeichnet die mengen- und wertmäßige Bestandsaufnahme der Ist-Bestände durch Zählen, Messen und Wiegen an einem bestimmten Stichtag. Die Ergebnisse der Inventur werden im Inventar festgehalten.

Im computergestützten Warenwirtschaftssystem kann die mengenmäßige Erfassung mit Hilfe von mobilen Datenerfassungsgeräten erfolgen. Die codierten Artikelnummern werden eingelesen oder gescannt und die Bestandszahlen manuell eingegeben. Die gespeicherten Daten werden anschließend in die Zentraleinheit eingelesen.

Die Zentraleinheit vergleicht die eingegebenen Ist-Bestände mit den gespeicherten Soll-Beständen und druckt eine Inventurdifferenzliste aus.

2.32 Inventurarten

Die Auswahlantwort **3.** ist richtig. 3

Bei der Aufstellung des Inventars dürfen laut Handelsgesetzbuch (§ 241 HGB) auch **Inventurvereinfachungsverfahren** angewandt werden. Diese Verfahren sind dann zulässig, wenn der Bestand der Vermögensgegenstände nach Art, Menge und Wert mit Hilfe anerkannter mathematisch-statistischer Methoden auf Grund von Stichproben ermittelt wird. Das Verfahren muss dabei den Grundsätzen der ordnungsgemäßen Buchführung entsprechen.

Da die körperliche Bestandsaufnahme häufig sehr zeitraubend und mit der Schließung der Geschäftsräume verbunden ist, kann der Einzelhändler sie auch auf einen anderen Zeitpunkt verlegen (**verlegte Inventur**). Die verlegte Inventur kann innerhalb der letzten drei Monate vor oder der ersten zwei Monate nach Geschäftsjahresschluss stattfinden, wenn die Inventurwerte auf den Stichtag fortgeschrieben bzw. zurückgerechnet werden.

Ein Warenwirtschaftssystem ermöglicht dem Einzelhändler eine **permanente Inventur**. Durch die exakte Erfassung aller Warenbewegungen ist es möglich, den Warenbestand nach Art, Menge und Wert zum Ende des Geschäftsjahres auch ohne körperliche Bestandsaufnahme festzustellen.
In jedem Geschäftsjahr muss der Warenbestand allerdings mindestens einmal durch körperliche Bestandsaufnahme überprüft werden. Der Zeitpunkt kann vom Einzelhändler beliebig gewählt werden.

©U-Form Verlag – Kopieren verboten!

2.33 Inventurdifferenz

Die Auswahlantwort **5.** ist richtig. 5

Die Inventurdifferenz ist die Abweichung des Ist-Warenbestandes vom Soll-Warenbestand.

Gründe für Inventurdifferenzen können sein:

- Ladendiebstahl
- fehlerhafte Erfassung der Warenbestände während der Durchführung der eigentlichen Inventur
- fehlerhafte Erfassung der Warenbewegungen im laufenden Geschäftsbetrieb

Die wichtigste Voraussetzung für die exakte Fortschreibung der Warenbestände ist die Erfassung aller Warenbewegungen, sodass Inventurdifferenzen vermieden werden.

Zu den erfassungsbedürftigen Warenbewegungen zählen:

- Warenverkauf
- Abgabe von Waren an andere Zweigniederlassungen oder Filialen
- Retouren an Lieferanten
- Retouren von Kunden
- Wareneingänge

Zu 1. Bei ordnungsgemäßer Verbuchung treten keine Differenzen zwischen Ist- und Soll-Warenbeständen auf.

Zu 2. Wird die Warenrückgabe eines Artikels durch einen Kunden nicht erfasst, führt dies dazu, dass der Ist-Warenbestand größer ist als der ausgewiesene Soll-Warenbestand.

Zu 3. Wird die Warenrücksendung an einen Lieferanten doppelt erfasst, führt dies dazu, dass der Ist-Warenbestand größer ist als der ausgewiesene Soll-Warenbestand.

Zu 4. Wird der Eingang einer Warensendung nicht erfasst, ist der Ist-Warenbestand ebenfalls größer als der ausgewiesene Soll-Warenbestand.

Zu 5. Wird die Auslieferung einer bestellten Ware an einen Kunden nicht erfasst, führt dies dazu, dass der Ist-Warenbestand kleiner ist als der ausgewiesene Soll-Warenbestand.

© U-Form Verlag – Kopieren verboten!

2.34 Inventurdifferenz

Berechnung des Prozentwertes (w):

100 % = Grundwert (G)

Prozentsatz (p) = x

$$x = \frac{\text{Grundwert (G)} \cdot \text{Prozentsatz (p)}}{100}$$

a) **Ermittlung der Schadenssumme aufgrund von Ladendiebstahl durch Kunden:**

Inventurdifferenz Warenhaus Meyer	100 %	= 300.000,00 €
Ladendiebstahl durch Kunden	55,6 %	= x

$$x = \frac{300.000{,}00\,€ \cdot 55{,}0\,\%}{100\,\%} = \mathbf{165.000{,}00\,€}$$

Die Schadenssumme, die durch Diebstähle von Kunden entstanden ist: beträgt 165.000,00 €.

€						ct	
1	6	5	0	0	0	0	0

b) **Ermittlung der Schadenssumme, die auf organisatorische Gründe zurückzuführen ist:**

Inventurdifferenz Warenhaus Meyer	100 % =	300.000,00 €
Inventurdifferenz durch organisatorische Gründe	17,5 % =	x

$$x = \frac{300.000{,}00\,€ \cdot 17{,}5\,\%}{100\,\%} = \mathbf{52.500{,}00\,€}$$

Die Schadenssumme, die auf organisatorische Gründe zurückzuführen ist, beträgt 52.500,00 €.

€					ct	
5	2	5	0	0	0	0

c) Die Auswahlantworten **1.**, **3.** und **5.** sind richtig.

1	3	5

Zur Verringerung der Inventurdifferenzen sind die Optimierung der Arbeitsabläufe bei der Erfassung der Warenbewegungen (Wareneingangserfassung, Kassiervorgänge, Erfassung der Warenausgänge) und die Schulung des Personals von besonderer Bedeutung.

Außerdem sind Präventivmaßnahmen zur Vermeidung von Ladendiebstahl unverzichtbar, da Diebstähle durch Kunden, Mitarbeiter und Lieferanten erfahrungsgemäß immer noch den größten Teil der Inventurdifferenz ausmachen.

Präventivmaßnahmen im Zusammenhang mit der Warenplatzierung können u. a. sein:

- ein übersichtlicher und geordneter Warenaufbau
- die Präsentation hochwertiger Waren in verschließbaren Vitrinen oder im Kassenbereich
- der Einsatz niedriger Warenträger, damit das Verkaufspersonal die Kunden über die Warenträger hinweg sehen kann

Zu weiteren diebstahlvermeidenden Maßnahmen zählen u. a.:

- die elektronische Artikelsicherung in Form von sichtbaren Antennensystemen an den Ein- und Ausgängen und/oder sogenannten Deaktivierungseinheiten an den einzelnen Kassen
- die Videoüberwachung
- der Einsatz von Ladendetektiven
- die Sensibilisierung der Mitarbeiter in entsprechenden Schulungen
- die Installation von Spiegeln
- deutlich sichtbarer Einsatz von Sicherheitskräften.

©U-Form Verlag – Kopieren verboten!

2.35 Inventurdifferenz

a) Zur Ermittlung der Inventurdifferenz der Lederwarenabeilung wird der Soll-Warenbestand mit dem Ist-Warenbestand verglichen.

	Soll-Warenbestand	704.300,00 €
–	Ist-Warenbestand	696.200,00 €
=	Differenz	**8.100,00 €**

Die Inventurdifferenz der Lederwarenabteilung beträgt 8.100,00 €.

€				, ct	
8	1	0	0	0	0

b) Zur Ermittlung der prozentualen Inventurdifferenz wird die Inventurdifferenz in Euro in ein prozentuales Verhältnis zum Soll-Warenbestand (= 100 %) gesetzt.

Soll-Warenbestand	704.300,00 € =	100 %
Inventurdifferenz	8.100,00 € =	x

$$x = \frac{100\ \% \cdot 8.100{,}00\ €}{704.300{,}00\ €} = 1{,}150 \approx \mathbf{1{,}15\ \%}$$

Die Inventurdifferenz der Lederwarenabteilung beträgt 1,15%.

% ,		
1	1	5

c) Zur Ermittlung der prozentualen Inventurdifferenz vom Umsatz wird die Inventurdifferenz in Euro in ein prozentuales Verhältnis zum Umsatz (= 100 %) gesetzt.

Umsatz	832.100,00 € =	100 %
Inventurdifferenz	8.100,00 € =	x

$$x = \frac{100\ \% \cdot 8.100{,}00\ €}{832.100{,}00\ €} = 0{,}973 \approx \mathbf{0{,}97\ \%}$$

Die Inventurdifferenz der Lederwarenabteilung bezogen auf den Umsatz beträgt 0,97%.

% ,		
0	9	7

© U-Form Verlag – Kopieren verboten!

2.36 Kassenabrechnung

Im Kassenbericht werden die täglichen Bargeldein- und -ausgänge genau erfasst. Das Ergebnis dieses Kassenberichtes ist die Tageslosung.

Die Tageslosung stellt die Einnahmen aus Warenverkäufen einschl. 19 % Umsatzsteuer dar und dient als Grundlage für die Buchführung.

a) **Ermittlung der Tageslosung:**

Kassenbestand bei Geschäftsschluss		2.387,57 €
+ Ausgaben im Laufe des Tages	+	25,00 €
	+	23,45 €
– Kassenbestand des Vortages	–	192,52 €
– Sonstige Einnahmen		
= Tageslosung	=	**2.243,50 €**

Die Tageslosung für den 05.07.2017 beträgt 2.243,50 €.

€ , ct
2 2 4 3 | 5 0

b)

6 x	200 € Schein	=	1.200,00 €
6 x	100 € Schein	=	600,00 €
5 x	50 € Schein	=	250,00 €
7 x	20 € Schein	=	140,00 €
15 x	10 € Schein	=	150,00 €
4 x	5 € Schein	=	20,00 €
7 x	1,00 € Münze	=	7,00 €
1 x	0,50 € Münze	=	0,50 €
7 x	0,01 € Münze	=	0,07 €
			2.367,57 €

Herr Scholz ermittelt einen Bargeldbestand von 2.367,57 €.

€ , ct
2 3 6 7 | 5 7

c) Die Auswahlantwort **4.** ist richtig.

4

Der Kassenbestand bei Geschäftsschluss beträgt	2.387,57 €
– ermittelter Bargeldbestand bei Kassenabrechnung	2.367,57 €
= Kassenfehlbetrag	**20,00 €**

Der Bargeldbestand der Kasse weist einen Fehlbetrag von 20,00 € aus.

©U-Form Verlag – Kopieren verboten!

2.37 Prozentrechnung

Unter Prozentrechnung versteht man eine Vergleichsrechnung, in der Zahlen in das Verhältnis zur Zahl 100 gesetzt werden.
In der Prozentrechnung gibt es drei Größen:

- Die Gesamtmenge bezeichnet man als Grundwert (G), er entspricht 100 %.
- Der Prozentsatz (p) gibt an, wie viel Prozent des Grundwertes zu errechnen sind.
- Der Prozentwert (w) ist der Teil des Grundwertes, der dem angegebenen Prozentsatz entspricht.

Zwei dieser Größen müssen gegeben sein, um die dritte Größe mit Hilfe des Dreisatzes zu berechnen.

Formeln:

Berechnung des Prozentwertes (w):

100 % = Grundwert (G)
Prozentsatz (p) = x

$$x = \frac{\text{Grundwert (G)} \cdot \text{Prozentsatz (p)}}{100}$$

Berechnung des Prozentsatzes (p):

Grundwert (G) = 100 %
Prozentwert (w) = x

$$x = \frac{\text{Prozentwert (w)} \cdot 100}{\text{Grundwert}}$$

Berechnung des Grundwertes (G):

Prozentsatz (p) = Prozentwert (w)
100 % = x

$$x = \frac{\text{Prozentwert (w)} \cdot 100}{\text{Prozentsatz (p)}}$$

a) Berechnung des prozentualen Anteils am Tagesumsatz

Tagesumsatz 2.243,50 € = 100 %
Umsatz WG 02 647,40 € = x

$$x = \frac{100\ \% \cdot 647{,}40\ €}{2.243{,}50\ €} = \mathbf{28{,}86\ \%}$$

Die WG 02 (Handtaschen) hat einen prozentualen Anteil von 28,86 % am gesamten Tagesumsatz.

%		,	
2	8	8	6

Fortsetzung auf der nächsten Seite

© U-Form Verlag – Kopieren verboten!

2.37 Prozentrechnung

Fortsetzung

b) Zur Ermittlung des prozentualen Unterschieds zwischen WG 02 (Handtaschen) und WG 05 (Schulranzen) müssen Sie zunächst die Differenz in Euro ermitteln.

Umsatz WG 02 (Handtaschen)	647,40 €
Umsatz WG 05 (Schulranzen)	311,10 €
Differenz in €	336,30 €

Da ermittelt werden soll, um wie viel Prozent der Umsatz der WG 02 über dem Umsatz der WG 05 liegt, entspricht der Umsatz der WG 05 (Schulranzen) 100 %.

Umsatz WG 05	311,10 €	=	100 %
Differenz	336,30 €	=	x

$$x = \frac{100\ \% \cdot 336{,}30\ €}{311{,}10\ €} = \mathbf{108{,}10\ \%}$$

Der Umsatz der WG 02 (Handtaschen) liegt 108,10 % über dem Umsatz der WG 05 (Schulranzen).

%			,	
1	0	8	1	0

2.38 Zahlungsformen

Die bargeldlose Zahlung nimmt im Einzelhandel einen hohen Stellenwert ein, da die meisten Kunden über eine Debit- oder eine Kreditkarte verfügen.

Debitkarten sind Karten, die den direkten und unmittelbaren Zugriff auf das Guthaben des Girokontos ermöglichen. Mit dieser Karte können bargeldlose Zahlungen am Händlerterminal vorgenommen oder Geld an Geldautomaten abgehoben werden.

Beim **girocard-System** zahlt der Kunde mit der girocard unter Angabe seiner persönlichen Identifikationsnummer (PIN). Nach positiver Online-Prüfung der Daten garantiert das Kreditinstitut dem Händler die Zahlung des Rechnungsbetrages.

Karten, die zusätzlich mit dem **Maestro-Logo** gekennzeichnet sind, gewährleisten, dass diese Karten international, also auch im Ausland genutzt werden können. Die Zahlungsabwicklung erfolgt wie beim girocard-System.

Mit einer **Kreditkarte** kann ein Kunde bei Einzelhändlern, die Vertragspartner einer entsprechenden Vertragsorganisation sind, bargeldlos zahlen. Dazu zählen beispielsweise VISA, American Express und MasterCard. Dem Einzelhändler wird die Zahlung des Rechnungsbetrages garantiert. Die Gutschrift des Rechnungsbetrages erfolgt jedoch durch die Vertragsorganisation abzüglich einer Provision.

Beim **kontaktlosen Zahlen** wird die Karte im Abstand nur weniger Zentimeter an das Lesegerät gehalten, erst dann wird die Zahlung ausgelöst. Der Vorgang dauert weniger als eine Sekunde. Bei Kaufsummen bis 25 Euro ist in der Regel keine PIN-Eingabe notwendig. Hohe Sicherheitsstandards gewährleisten, dass kein unbemerktes und ungewolltes Bezahlen im Vorbeigehen möglich ist.

Fortsetzung auf der nächsten Seite

©U-Form Verlag – Kopieren verboten!

2.38 Zahlungsformen

Fortsetzung

Bei **SEPA-Lastschriftverfahren** zahlt der Kunde mit seiner Karte und seiner Unterschrift. Die Karte wird am Kartenterminal eingelesen. Die Kasse druckt einen Lastschriftbeleg, der vom Kunden unterschrieben wird.

Der Kassierer muss die Übereinstimmung der abgegebenen Unterschrift auf dem Beleg mit der Unterschrift auf der Rückseite der Karte überprüfen. Die Kreditinstitute übernehmen für diese Zahlungsart keine Zahlungsgarantie.

a) Ein Kunde aus dem Ausland zahlt mit seiner Bankkarte mit **Maestro-Funktion** unter Eingabe seiner persönliche Identifikationsnummer (PIN). Nach positiver Online-Prüfung der Daten garantiert das bezogene Kreditinstitut die Zahlung des Rechnungsbetrages. 3

b) Beim **SEPA-Lastschriftverfahren** (ELV) wird die Karte eines Kunden am Kartenterminal eingelesen. Anschließend druckt die Kasse einen Lastschriftbeleg aus, den der Kunde unterschreibt. Das bezogene Kreditinstitut gewährt keine Zahlungsgarantie. 5

c) Beim **kontaktlosen Zahlen** wird der Zahlungsvorgang ausgelöst, wenn der Kunde seine Karte im Abstand von wenigen Zentimetern an das Lesegerät hält. 4

d) Beim **girocard-System** wird die Karte eines Kunden am Kartenterminal eingelesen und der Kunde bestätigt seine Identität durch Eingabe seiner persönlichen Identifikationsnummer (PIN). Nach positiver Online-Prüfung wird die Zahlung des Rechnungsbetrages garantiert. 2

e) Nach der **Kreditkartenzahlung** durch den Kunden erfolgt die Gutschrift des Rechnungsbetrages durch eine Vertragsorganisation abzüglich einer Provision. 1

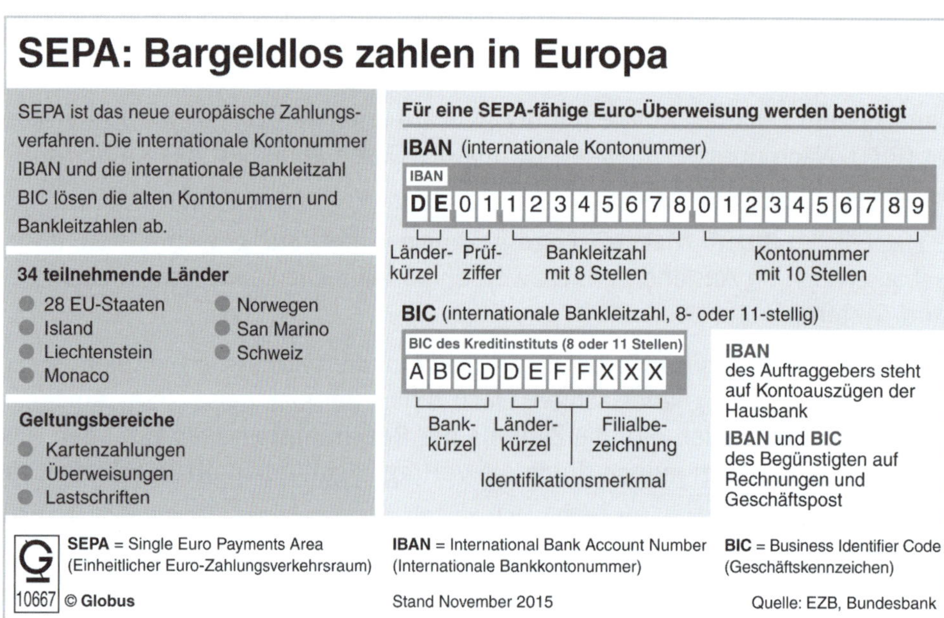

 © U-Form Verlag – Kopieren verboten!

2.39 Kreditkartenzahlung

Die Auswahlantworten **2.**, **4.** und **5.** sind richtig. 2 4 5

Der Anschluss an eine Kreditkartenorganisation und die dadurch mögliche Kreditkartenannahme stellt einen Kundenservice dar.

Die Vorteile für den Einzelhändler liegen

- im Prestigegewinn, da diese Karten nur an Personen ausgegeben werden, die über ein entsprechendes Einkommen verfügen,
- in der Zahlungsgarantie, die durch die Kreditkartenorganisation gewährleistet wird und
- in evtl. Umsatzsteigerungen durch Spontankäufe der Kunden, da sie unabhängig vom Bargeld sind.

Die Nachteile für den Einzelhändler liegen in den relativ hohen Gebühren (3 – 10% des Rechnungsbetrages), die von der Kreditkartenorganisation vom Rechnungsbetrag einbehalten werden.

Mit der Kreditkarte ist der Kunde weltweit unabhängig von Bargeld. Er erhält monatlich eine Abrechnung über alle getätigten Zahlungen und erzielt dadurch einen Zinsgewinn.

Information

Single Euro Payments Area (SEPA)

SEPA ist die Abkürzung für Single Euro Payments Area, den einheitlichen Euro Zahlungsverkehrsraum, der aus den 28 EU-Staaten, den drei Ländern des übrigen Europäischen Wirtschaftsraums EWR (Island, Liechtenstein, Norwegen) sowie der Schweiz, Monaco und San Marino besteht.

Ziel des einheitlichen europäischen Zahlungsraums ist das Ersetzen der nationalen Bezahlverfahren durch europaweit standardisierte Überweisungen, Lastschriften und Kartenzahlungen, die dazu beitragen, dass Unternehmen und Verbraucher bargeldlose Zahlungen grenzüberschreitend einfach, bequem und kostengünstig durchführen können.

Alle Lastschriften und Überweisungen müssen laut EU-Verordnung nach den SEPA-Regeln erfolgen. Bei Überweisungen und Lastschriften innerhalb Deutschlands und des Europäischen Wirtschaftsraums ist nur die Angabe der **IBAN** (**I**nternational **B**ank **A**ccount **N**umber) erforderlich. Bei Zahlungen in die Länder Monaco, Schweiz und San Marino muss zusätzlich die **BIC** (**B**ank **I**dentifier **C**ode) angegeben werden.

Die IBAN ist auf maximal 34 Stellen begrenzt. Die deutsche IBAN ist immer 22-stellig und setzt sich aus dem Länderkennzeichen (Deutschland = DE), einer zweistelligen Prüfziffer, der bisherigen achtstelligen Bankleitzahl und einer zehnstelligen Kontonummer zusammen.

Aufbau einer IBAN:

IBAN **DE 36 20022000 0077085300**

Länderkennzeichen

Prüfziffer

Bankleitzahl

Kontonummer*

* ggf. mit vorausgestellten Nullen

Stand: Dezember 2017

2.40 Couponing

a) Die Auswahlantworten **1.**, **2.** und **5.** sind richtig. 1 2 5

Das Couponing stellt für den Einzelhändler ein Marketinginstrument dar, mit dem er versucht, den Absatz seiner Waren aktiv zu forcieren.

Das Couponing ist meist eine zeitlich begrenzte Aktion, bei der der Kunde einen Coupon (Gutschein) erhält, der ihn zum Bezug einer Sonderleistung (z. B. Rabatt) berechtigt.

Die Vorteile des Couponing als Marketinginstrument sind:

- Umsatzsteigerung : Der Kunde hat das Gefühl, sich mehr leisten zu können und gibt dadurch mehr aus
- Erhöhung der Kundenfrequenz
- Cross-Selling, d. h. Verkauf von ergänzenden oder zusätzlichen Waren oder Dienstleistungen
- Kundenbindung (insbesondere durch Treuecoupons)
- Gewinnung von Neukunden
- Pflege der Stammkunden
- gezielte Erfolgskontrolle durch Ermittlung der Einlösequote

Die Coupons werden in verschiedenen Formen angeboten.

Rabatt-Coupons: Diese Coupons gewähren einen Preisnachlass auf ein bestimmtes Produkt oder auf ein Sortiment. Sie stellen die häufigste Form des Couponing dar.

Warencoupons: Sie beinhalten eine Zugabe als Kaufanreiz für den Kunden. (Beispiel: Get 2, Pay 1)

Einkaufscoupons: Diese Art von Coupons ist produktunabhängig, da dem Kunden beim nächsten Einkauf ein pauschaler Betrag von der Gesamteinkaufssumme abgezogen wird.

Treue-Coupons: Entweder wird dem Kunden aufgrund seines getätigten Umsatzes ein Bonus auf ein individuelles Kundenkonto gutgeschrieben (Beispiel: Bonuspunkte, Bonusmeilen) oder der Kunde sammelt zunächst einzelne Coupons, die anschließend gegen eine Rückvergütung eingelöst werden können.

Der Handel bietet mittlerweile zahlreiche Sonderformen dieser beschriebenen Couponformen an (Couponing im Internet oder Mobiltelefon).

b) **Berechnung des um 3 % verminderten Kaufbetrages aufgrund der Vorlage der Kundenkarte:**

Bruttoverkaufspreis	100 %	= 99,89 €
verminderter Bruttoverkaufspreis	97 %	= x

$$x = \frac{99{,}89\,€ \cdot 97\,\%}{100\,\%} = 96{,}89\,€$$

Der um 3 % verminderte Bruttoverkaufspreis beträgt 96,89 €.

Fortsetzung auf der nächsten Seite

© U-Form Verlag – Kopieren verboten!

2.40 Couponing

Fortsetzung

Berechnung des um weitere 10 % verminderten Kaufbetrages aufgrund der Vorlage des Coupons:

Ursprünglicher Bruttoverkaufspreis	100 %	=	96,89 €
verminderter Bruttoverkaufspreis	90 %	=	x

$$x = \frac{96{,}89\ € \cdot 90\ \%}{100\ \%} = \mathbf{87{,}20\ €}$$

Die Kundin muss noch 87,20 € bezahlen.

€ , ct
8 7 | 2 0

c) Zur Ermittlung des prozentualen Unterschieds zwischen dem ursprünglichen Bruttoverkaufspreis und dem um 3 % und 10 % verminderten Bruttoverkaufspreis müssen Sie zunächst die Differenz in Euro ermitteln.

	Bruttoverkaufspreis	99,89 €
–	um die Rabatte verminderter Bruttoverkaufspreis	87,20 €
=	Differenz in Euro	12,69 €

Da ermittelt werden soll, wie hoch die tatsächliche Ersparnis der Kundin ist, wird die Differenz in ein prozentuales Verhältnis zum ursprünglichen Bruttoverkaufspreis (=100 %) gesetzt.

Bruttoverkaufspreis	99,89 €	=	100 %
Differenz	12,69 €	=	x

$$x = \frac{100\ \% \cdot 12{,}69\ €}{99{,}89\ €} = \mathbf{12{,}70\ \%}$$

Die Kundin hat tatsächlich 12,70 % des ursprünglichen Bruttoverkaufspreises gespart.

% ,
1 2 | 7 0

2.41 Prozentrechnung

Zur Ermittlung der Materialkosten muss zunächst die Größe der Rückwand ermittelt werden. Dazu wird die Breite der Rückwand mit der Höhe multipliziert.

Fläche: $4\ m \cdot 3\ m = 12\ m^2$

Die Materialkosten ergeben sich durch die Multiplikation der Fläche mit dem Quadratmeterpreis.

Materialkosten: $12\ m^2 \cdot 39{,}00\ €/\ m^2 = 468{,}00\ €$

Ermittlung des Rechnungsbetrages durch Addition der einzelnen Beträge:

	Entfernen und Entsorgen der alten Kunststoffplatten	225,00 €
+	Zuschneiden und Anbringen der Holzverkleidung	450,00 €
+	Materialpreis	468,00 €
	Zwischensumme	1.143,00 €
	Mehrwertsteuer 19 %	217,17 € *
	Rechnungssumme	**1.360,17 €**

* Berechnung der Mehrwertsteuer

Zwischensumme	100 %	=	1.143,00 €
Mehrwertsteuer	19 %	=	x

$$x = \frac{1.143{,}00\ € \cdot 19\ \%}{100\ \%}$$

$$= 217{,}17\ €\ \text{Mehrwertsteuer}$$

Sie müssen einen Rechnungsbetrag in Höhe von 1.360,17 € zahlen.

€				, ct	
1	3	6	0	1	7

© U-Form Verlag – Kopieren verboten!

2.42 Prozentrechnung

a) **Berechnung des prozentualen Anstiegs der Einnahmen für Werbung über Mobile Geräte im Jahr 2016 gegenüber dem Vorjahr:**

Bevor Sie die prozentuale Steigerung berechnen können, müssen Sie zunächst die Differenz zwischen den Einnahmen für Werbung über Mobile Geräte der Jahre 2016 und 2015 ermitteln.

Berechnung der Differenz:

	Einnahmen für Werbung über Mobile Geräte 2016	0,50 Mrd. Euro
–	Einnahmen für Werbung über Mobile Geräte 2015	0,29 Mrd. Euro
=	Differenz	0,21 Mrd. Euro

Berechnung der prozentualen Steigerung:

Werbeeinnahmen über Mobile Geräte 2015	0,29 Mrd. Euro	=	100,0 %
Differenz	0,21 Mrd. Euro	=	x

$$x = \frac{100\ \% \cdot 0{,}21\ \text{Mrd. Euro}}{0{,}29\ \text{Mrd. Euro}} = 72{,}414\ \% \approx \mathbf{72{,}4\ \%}$$

% , 7 2 | 4

Die Werbeeinnahmen über Mobile Geräte sind im Jahr 2016 gegenüber dem Vorjahr um 72,4 % gestiegen.

b) **Berechnung des prozentualen Anteils der Werbung über Mobile Geräte an den gesamten Werbeeinnahmen der Medien im Jahr 2016:**

Berechnung des prozentualen Anteils:

Werbeeinnahmen der Medien gesamt 2016	30,9 Mrd. Euro	=	100 %
Einnahmen durch Werbung über Mobile Geräte 2016	0,5 Mrd. Euro	=	x

$$x = \frac{100\ \% \cdot 0{,}5\ \text{Mrd. Euro}}{30{,}9\ \text{Mrd. Euro}} = 1{,}618\ \% \approx \mathbf{1{,}62\ \%}$$

Der Anteil der Werbung über Mobile Geräte an den gesamten Werbeeinnahmen der Medien im Jahr 2016 betrug 1,62 %.

% , 1 | 6 2

©U-Form Verlag – Kopieren verboten!

2.43 Prozentrechnung

a) **Ermittlung der gesamten Kaufsumme:**

1 · 99,89 € = 99,89 €
2 · 9,90 € = 19,80 €
2 · 4,95 € = 9,90 €

Gesamtsumme 129,59 €

Ermittlung des Rückgeldes:

2 · 100,00 €-Schein = 200,00 €

200,00 €
− 129,59 €
= **70,41 €**

Die Kundin erhält von Frau Schwarz 70,41 € zurück.

€		,	ct	
7	0		4	1

b) **Ermittlung der verringerten Kaufsumme um 3 %:**

Gesamtsumme 100 % = 129,59 €
Verringerte Kaufsumme um 3 % 97 % = x

$$x = \frac{129{,}59\,€ \cdot 97\,\%}{100\,\%} = 125{,}70\,€$$

Ermittlung des Rückgeldes:

2 · 100,00 €-Schein = 200,00 €

200,00 €
− 125,70 €
= **74,30 €**

Die Kundin würde beim Vorlegen der hausinternen Kundenkarte einen Betrag von 74,30 € zurückerhalten.

€		,	ct	
7	4		3	0

2.44 Prozentrechnung

Berechnung der Verkaufsfläche vor dem Umbau:

20 % = 30 m²
100 % = x

$$x = \frac{30\,m^2 \cdot 100\,\%}{20\,\%} = \mathbf{150\,m^2}$$

Vor dem Umbau standen Ihrer Abteilung 150 m² Verkaufsfläche zur Verfügung.

m²		
1	5	0

© U-Form Verlag – Kopieren verboten!

2.45 Dreisatz

Bei der Dreisatzrechung wird aus mindestens drei bekannten Werten durch folgerichtige Schlussfolgerung die vierte zu suchende Größe ermittelt.

Der Dreisatz geht in drei Schritten vor:

1. Der **Bedingungssatz** setzt die angegebenen Werte in die erste Zeile. Die gesuchte Einheit steht rechts.
2. Der **Fragesatz** setzt die Frage in die zweite Zeile. Gleiche Einheiten stehen immer untereinander.
3. Der **Bruchsatz** steht in der dritten Zeile.

Beim einfachen **Dreisatz mit geradem Verhältnis** vermehren und vermindern sich die Werte in gleichem Verhältnis **(Je mehr, desto mehr/Je weniger, desto weniger).**

Für die Bildung des Bruchsatzes bedeutet dies, die gegebene **Einheit des Fragesatzes wird in den Zähler gestellt,** die Einheit des Bedingungssatzes in den Nenner.

Beim einfachen **Dreisatz mit ungeradem Verhältnis** verändern sich die Werte gegensätzlich. **(Je mehr, desto weniger/Je weniger, desto mehr).**

Für die Bildung des Bruchsatzes bedeutet dies, die gegebene **Einheit des Fragesatzes wird in den Nenner gestellt,** die Einheit des Bedingungssatzes in den Zähler.

Der Wert über dem x steht immer im Zähler.

a) Um zu ermitteln, wie hoch die Umsatzprämie für alle Mitarbeiter Ihrer Abteilung ist, müssen Sie zunächst den Gesamtumsatz der Abteilung ermitteln:

Herr Scholz	23.150,00 €
Frau Schwarz	19.470,00 €
Frau Keller	8.328,00 €
Herr Schuhmann	7.952,00 €
Gesamtumsatz	58.900,00 €

Berechnung der Umsatzprämie:

1. Bedingungssatz: 100,00 € Umsatz = 0,50 € Prämie

2. Fragesatz: 58.900,00 € Umsatz = x

3. Bruchsatz: $x = \frac{0{,}50\text{ € Prämie} \cdot 58.900{,}00\text{ € Umsatz}}{100{,}00\text{ € Umsatz}}$ = **294,50 € Prämie**

€			ct	
2	9	4	5	0

Es handelt sich um einen Dreisatz mit geradem Verhältnis. Je höher der Umsatz, desto höher die Umsatzprämie.

Bei einem Gesamtumsatz von 58.900,00 € muss an die Mitarbeiter Ihrer Abteilung eine Prämie von insgesamt 294,50 € ausgezahlt werden.

Fortsetzung auf der nächsten Seite

©U-Form Verlag – Kopieren verboten!

2.45 Dreisatz

Fortsetzung

b) **Berechnung der Umsatzprämie für Herrn Scholz:**

1. Bedingungssatz: 100,00 € Umsatz = 0,50 € Prämie
2. Fragesatz: 23.150,00 € Umsatz = x
3. Bruchsatz: $x = \frac{0{,}50 \text{ € Prämie} \cdot 23.150{,}00 \text{ €}}{100{,}00 \text{ € Umsatz}}$ = **115,75 € Prämie**

Es handelt sich um einen Dreisatz mit geradem Verhältnis. Je höher der Umsatz, desto höher die Umsatzprämie.

Bei einem Umsatz von 23.150,00 € kann Ihr Mitarbeiter, Herr Scholz, eine Prämie in Höhe von 115,75 € beanspruchen.

€	, ct
1 1 5	7 5

2.46 Dreisatz

a) **Berechnung der Sparzeit bei einer Sparrate von 60,00 €:**

1. Bedingungssatz: 50,00 € monatliche Sparrate = 18 Monate Spardauer
2. Fragesatz: 60,00 € monatliche Sparrate = x
3. Bruchsatz: $x = \frac{18 \text{ Monate} \cdot 50{,}00 \text{ € Sparrate}}{60{,}00 \text{ € Sparrate}}$ = 15 Monate Spardauer

Es handelt sich um einen Dreisatz mit ungeradem Verhältnis. Je höher die Sparrate, desto niedriger die Spardauer.

Verkürzung der Spardauer:

  18 Monate Spardauer bei einer monatlichen Sparrate von 50,00 €
– 15 Monate Spardauer bei einer monatlichen Sparrate von 60,00 €

= **3 Monate** Verkürzung der Spardauer

Bei eine Sparrate von monatlich 60,00 € verkürzt sich die Spardauer um 3 Monate.

Monate
3

b) **Berechnung der monatlichen Sparrate bei einer Sparzeit von 12 Monaten:**

1. Bedingungssatz: 18 Monate Spardauer = 50,00 € monatliche Sparrate
2. Fragesatz: 12 Monate Spardauer = x
3. Bruchsatz: $x = \frac{50{,}00 \text{ € Sparrate} \cdot 18 \text{ Monate Spardauer}}{12 \text{ Monate Spardauer}}$ = **75,00 € Sparrate**

Es handelt sich um einen Dreisatz mit ungeradem Verhältnis. Je kürzer die Spardauer, desto höher die Sparrate.

Bei einer Sparzeit von 12 Monaten müsste Herr Schuhmann monatlich 75,00 € sparen.

€	, ct
7 5	0 0

© U-Form Verlag – Kopieren verboten!

2.47 Durchschnittsrechnen

Bei der Durchschnittsrechnung wird die Summe der einzelnen Werte durch die Anzahl der Posten geteilt.

Lösungsweg:
1. Ermittlung der Summe der einzelnen Werte.
2. Ermittlung der Anzahl der Posten.
3. Ermittlung des einfachen Durchschnitts, indem die Summe der einzelnen Werte durch die Anzahl der Posten geteilt wird.

$$\textbf{Einfacher Durchschnitt} = \frac{\text{Summe der einzelnen Werte}}{\text{Anzahl der Posten}}$$

a) **Ermittlung des durchschnittlichen Tagesumsatzes in der ersten Aktionswoche:**

Montag	3.243,50 €
Dienstag	3.095,80 €
Mittwoch	2.811,60 €
Donnerstag	2.728,50 €
Freitag	2.815,70 €
Samstag	2.278,90 €
Gesamtumsatz	16.974,00 € : 6 Tage = **2.829,00 €**

Der durchschnittliche Tagesumsatz in der Aktionswoche betrug 2.829,00 €.

€				,	ct
2	8	2	9	0	0

b) **Ermittlung des durchschnittlichen Umsatzes je Kunde in der Aktionswoche:**

Montag	105 Kunden
Dienstag	102 Kunden
Mittwoch	120 Kunden
Donnerstag	101 Kunden
Freitag	106 Kunden
Samstag	151 Kunden
Gesamt	685 Kunden

Gesamtumsatz 16.974,00 € : 685 Kunden = **24,78 €**

Der durchschnittliche Umsatz je Kunde in der ersten Aktionswoche betrug 24,78 €.

€	,	ct	
2	4	7	8

c) **Ermittlung des durchschnittlichen Umsatzes je Kunde am 1. Aktionstag:**

Umsatz Montag 3.243,50 € : 105 Kunden = **30,89 €**

Der durchschnittliche Umsatz je Kunde am ersten Aktionstag betrug 30,89 €.

€	,	ct	
3	0	8	9

©U-Form Verlag – Kopieren verboten!

2.48 Durchschnittsrechnen

a) Um den einheitlichen Durchschnittspreis der Geldbörsen zu ermitteln, müssen Sie zunächst die Stückzahl und deren Gesamtwert ermitteln.

2 Stück	·	17,00 €	=	34,00 €
18 Stück	·	13,00 €	=	234,00 €
32 Stück	·	16,00 €	=	512,00 €
20 Stück	·	15,00 €	=	300,00 €
72 Stück				1.080,00 €

$$\frac{\text{Summe der einzelnen Werte}}{\text{Anzahl der Posten}} = \frac{1.080,00\ €}{72\ \text{Stück}} = \mathbf{15,00\ €}$$

Der Durchschnittspreis für die Geldbörsen beträgt 15,00 €.

€		ct	
1	5	0	0

b) Um den erzielten Durchschnittspreis für den Posten Kinderschirme des Herstellers „Cool" zu ermitteln, müssen Sie zunächst die verkaufte Stückzahl und den erzielten Gesamtumsatz ermitteln.

45 Stück	·	12,90 €	=	580,50 €
30 Stück	·	9,90 €	=	297,00 €
25 Stück	·	6,90 €	=	172,50 €
100 Stück				1.050,00 €

$$\frac{\text{Summe der einzelnen Werte}}{\text{Anzahl der Posten}} = \frac{1.050,00\ €}{100\ \text{Stück}} = \mathbf{10,50\ €}$$

Der erzielte Durchschnittspreis für die Kinderschirme des Herstellers „Cool" beträgt 10,50 €.

€		ct	
1	0	5	0

© U-Form Verlag – Kopieren verboten!

2.49 Verteilungsrechnen

Mithilfe des Verteilungsrechnens wird eine gegebene Größe (z. B. Mengen, Kosten, Gewinne, Spesen) nach einem bestimmten vorgegebenen Verteilungsschlüssel aufgeteilt.

Die Verteilung von Bezugskosten (Wert- und Gewichtsspesen) auf mehrere, in einer Lieferung bezogene Waren ist Aufgabe der Kalkulation.

a) **Berechnung der Gewichtsspesen:**

Zu den Gewichtsspesen zählen z. B. Fracht, Rollgeld und Verladekosten. Diese Kosten werden entsprechend dem Gewicht der gelieferten Ware verteilt.

Um zu berechnen, wie viel Gewichtsspesen auf den Artikel H&G Trolley-Koffer, Größe 2 entfallen, müssen Sie zunächst das Gesamtgewicht für die einzelnen Artikel und für die gesamte Lieferung ermitteln.

Berechnung des Gesamtgewichts je Artikel und Gesamtlieferung:

8 Stück	H&G Trolley-Koffer Größe 1	Art. HG13544158	· 3,8 kg	=	30,4 kg
6 Stück	H&G Trolley-Koffer Größe 2	Art. HG13544159	· 5,5 kg	=	33,0 kg
6 Stück	H&G Trolley-Koffer Größe 3	Art. HG13544160	· 6,4 kg	=	38,4 kg
Gesamtgewicht der Lieferung					**101,8 kg**

Berechnung der Gewichtsspesen für den Artikel H&G Trolley-Koffer, Größe 2:

Gesamtgewicht der Lieferung	101,8 kg	=	64,00 €
Gewicht H&G Trolley-Koffer, Größe 2	33,0 kg	=	x

$$x = \frac{64{,}00\,€ \cdot 33{,}0\,\text{kg}}{101{,}8\,\text{kg}} = \mathbf{20{,}75\,€}$$

Die Gewichtsspesen für den Artikel H&G Trolley-Koffer, Größe 2 betragen 20,75 €.

€		,	ct	
2	0		7	5

Die Berechnung der Gewichtsspesen für die Artikel H&G Trolley-Koffer, Größe 1 und Größe 3 erfolgt auf die gleiche Weise.

Verteilung der Gewichtsspesen:

Artikel	Anzahl	Gewicht/Stück	Gesamtgewicht	Gewichtsspesen
HG13544158	8	3,8 kg	30,4 kg	19,11 €
HG13544159	6	5,5 kg	33,0 kg	20,75 €
HG13544160	6	6,4 kg	38,4 kg	24,14 €
Gesamt			**101,8 kg**	**64,00 €**

Fortsetzung auf der nächsten Seite

©U-Form Verlag – Kopieren verboten!

2.49 Verteilungsrechnen

Fortsetzung

b) **Berechnung der Wertspesen:**

Zu den Wertspesen zählen z. B. Transportversicherung, Verpackungskosten und Zölle. Diese Kosten werden entsprechend dem Wert der gelieferten Ware verteilt.

Um zu berechnen, wie viel Wertspesen auf den Artikel H&G Trolley-Koffer, Größe 3 entfallen, müssen Sie zunächst den Gesamtwert für die gelieferten Artikel und für die gesamte Lieferung ermitteln.

Berechnung des Gesamtwertes der Artikel und der gesamten Lieferung:

8 Stück	H&G Trolley-Koffer Größe 1	Art. HG13544158	· 149,00 € =	1.192,00 €
6 Stück	H&G Trolley-Koffer Größe 2	Art. HG13544159	· 159,00 € =	954,00 €
6 Stück	H&G Trolley-Koffer Größe 3	Art. HG13544160	· 169,00 € =	1.014,00 €
Gesamtwert der Lieferung				**3.160,00 €**

Berechnung der Wertspesen für den Artikel H&G Trolley-Koffer, Größe 3:

Gesamtwert der Lieferung	3.160,00 € =	14,00 €
Wert Artikel H&G Trolley-Koffer, Größe 3	1.014,00 € =	x

$$x = \frac{14{,}00\ € \cdot 1.014{,}00\ €}{3.160{,}00\ €} = \mathbf{4{,}49\ €}$$

Die Wertspesen für den Artikel HG13544160 betragen 4,49 €.

€ , ct
4 | 4 9

Die Berechnung der Wertspesen für die Artikel H&G Trolley-Koffer, Größe 1 und Größe 2 erfolgt auf die gleiche Weise.

Verteilung der Wertspesen:

Artikel	Anzahl	Preis/Stück	Gesamtpreis	Wertspesen
HG13544158	8	149,00 €	1.192,00 €	5,28 €
HG13544159	6	159,00 €	954,00 €	4,23 €
HG13544160	6	169,00 €	1.014,00 €	4,49 €
Gesamt			**3.160,00 €**	**14,00 €**

c) Zur Ermittlung des Bezugspreises ziehen Sie vom angegebenen Listenpreis nacheinander die Wertabzüge , d. h. Liefererrabatt und Liefererskonto ab und addieren die Bezugskosten, d. h. die entsprechenden Gewichts- und Wertspesen hinzu.

Ermittlung der Bezugskosten für den Artikel H&G Trolley-Koffer, Größe 1:

	Gewichtsspesen	19,11 €
+	Wertspesen	5,28 €
=	Bezugskosten	24,39 €

Fortsetzung auf der nächsten Seite

 © U-Form Verlag – Kopieren verboten!

2.49 Verteilungsrechnen

Fortsetzung

Artikel	Gewichtsspesen	Wertspesen	Bezugskosten
H&G Trolley-Koffer, Größe 1	19,11 €	5,28 €	24,39 €
H&G Trolley-Koffer, Größe 2	20,75 €	4,23 €	24,98 €
H&G Trolley-Koffer, Größe 3	24,14 €	4,49 €	28,63 €
Gesamt	**64,00 €**	**14,00 €**	**78,00 €**

Kalkulation des Bezugspreises für den Artikel H&G Trolley-Koffer, Größe 1:

Variante 1:

H&G Trolley-Koffer, Größe 1	
Listenpreis Gesamtlieferung	1.192,00 €
– **Liefererrabatt**	-------------
= **Zieleinkaufspreis**	1.192,00 €
– **3% Liefererskonto**	35,76 €
= **Bareinkaufspreis**	1.156,24 €
+ **Bezugskosten**	24,39 €
= **Bezugspreis/ Einstandspreis**	1.180,63 €
Bezugspreis je Koffer	1.180,63 : 8 **= 147,58 €**

Variante 2:

H&G Trolley-Koffer, Größe 1	
Listenpreis je Stück	149,00 €
– **Liefererrabatt**	-----------
= **Zieleinkaufspreis**	149,00 €
– **3% Liefererskonto**	4,47 €
= **Bareinkaufspreis**	144,53 €
+ **Bezugskosten**	3,05 €
= **Bezugspreis/ Einstandspreis**	147,58 €
Bezugspreis je Koffer	147,58 €

Zur Berechnung des Bezugspreises je Stück wird der Bezugspreis der Gesamtlieferung durch die bestellte Stückzahl geteilt.

Der Bezugspreis für einen H&G Trolley-Koffer, Größe 1 beträgt 147,58 €.

€			ct	
1	4	7	5	8

©U-Form Verlag – Kopieren verboten!

2.50 Verteilungsrechnen

a) **Berechnung des Anteils des Elektronik-Shops an den Gesamtkosten:**

Anteil Warenhaus Meyer AG	65 % =	55.614,00 €
Anteil Elektronik-Shop	15 % =	x

$$x = \frac{55.614{,}00\ € \cdot 15\%}{65\%} = \mathbf{12.834{,}00\ €}$$

Der Elektronik-Shop trägt einen Anteil von 12.834,00 € an den Gesamtkosten.

€ , ct
1 2 8 3 4 | 0 0

b) **Berechnung der Gesamtkosten:**

Anteil Warenhaus Meyer AG	65 % =	55.614,00 €
Gesamtkosten	100 % =	x

$$x = \frac{55.614{,}00\ € \cdot 100\%}{65\%} = \mathbf{85.560{,}00\ €}$$

Die Höhe der Gesamtkosten für die Installation der elektronischen Sicherheitsschleusen beträgt 85.560,00 €.

€ , ct
8 5 5 6 0 | 0 0

Verteilung der Kosten

Warenhaus Meyer AG	65 %	55.614,00 €
Supermarkt	20 %	17.112,00 €
Elektronik-Shop	15 %	12.834,00 €
Gesamt	**100 %**	**85.560,00 €**

© U-Form Verlag – Kopieren verboten!

Kleine Formelsammlung: Berufsbezogenes Rechnen

Dreisatzrechnung:

Der Dreisatz geht in drei Schritten vor:

1. Der **Bedingungssatz** setzt die angegebenen Werte in die erste Zeile. Die gesuchte Einheit steht rechts.
2. Der **Fragesatz** setzt die Frage in die zweite Zeile. Gleiche Einheiten stehen immer untereinander.
3. Der **Bruchsatz** steht in der dritten Zeile.

Einfacher Dreisatz mit **geradem Verhältnis**:
Die gegebene Einheit des **Fragesatzes** wird in den **Zähler** gestellt,
die **Einheit** des **Bedingungssatzes** in den **Nenner**.

Einfachen Dreisatz mit **ungeradem Verhältnis**:
Die gegebene **Einheit des Fragesatzes** wird in den **Nenner** gestellt,
die **Einheit des Bedingungssatzes** in den **Zähler**.

Der Wert über dem x steht immer im Zähler.

Durchschnittsrechnen:

$$\textbf{Einfacher Durchschnitt} = \frac{\text{Summe der einzelnen Werte}}{\text{Anzahl der Posten}}$$

Verteilungsrechnen:

Mithilfe des Verteilungsrechnens wird eine gegebene Größe nach einem bestimmten Verteilungsschlüssel aufgeteilt. Als Schlüssel dienen beispielsweise Verteilungszahlen, Brüche, Prozentzahlen und Anteile.

Vorgehensweise:

1. Schema/Tabelle aufstellen
2. Verteilungsschlüssel eintragen (Brüche ggf. kürzen oder auf einen Nenner bringen)
3. Die Summe der angegebenen Teile ermitteln
4. Die Summe der angegebenen Teile entspricht dem Gesamtbetrag
5. Berechnung eines Teils
6. Berechnung der Anteile

Beispiel:

Der Gewinn eines Unternehmens in Höhe von 90.000,00 € soll nach dem nachfolgenden Verteilungsschlüssel unter den beteiligten drei Gesellschaftern aufgeteilt werden.

[1]	[2] Verteilungsschlüssel	Gewinn	
Gesellschafter 1	7 Teile	21.000,00 €	
Gesellschafter 2	13 Teile	39.000,00 €	} [6]
Gesellschafter 3	10 Teile	30.000,00 €	
	[3] 30 Teile –	[4] 90.000,00 €	
	[5] 1 Teil –	3.000,00 €	

©U-Form Verlag – Kopieren verboten!

Kleine Formelsammlung: Berufsbezogenes Rechnen

Prozentrechnung:

Berechnung des Prozentwertes (w):

100 % = Grundwert (G)
Prozentsatz (p) = x

$$x = \frac{\text{Grundwert (G)} \cdot \text{Prozentsatz (p)}}{100}$$

Berechnung des Prozentsatzes (p):

Grundwert (G) = 100 %
Prozentwert (w) = x

$$x = \frac{\text{Prozentwert (w)} \cdot 100}{\text{Grundwert}}$$

Berechnung des Grundwertes (G):

Prozentsatz (p) = Prozentwert (w)
100 % = x

$$x = \frac{\text{Prozentwert (w)} \cdot 100}{\text{Prozentsatz (p)}}$$

Ermitteln der Tageslosung:

	Kassenbestand bei Geschäftsschluss
+	Ausgaben im Laufe des Tages
–	Kassenbestand des Vortages
–	Sonstige Einnahmen
=	**Tageslosung**

© U-Form Verlag – Kopieren verboten!

3 Wirtschafts- und Sozialkunde

- Grundlagen des Wirtschaftens
- Rechtliche Rahmenbedingungen des Wirtschaftens
- Menschliche Arbeit im Betrieb
- Arbeitssicherheit, Umweltschutz

©U-Form Verlag – Kopieren verboten!

Ihre Notizen

© U-Form Verlag – Kopieren verboten!

3.01 Aufgaben des Einzelhandels

Auf dem Absatzweg zwischen Hersteller von Waren und dem Verbraucher übernimmt der Einzelhandel folgende Aufgaben und Funktionen:

Raumüberbrückungsfunktion:
Der Einzelhandel leitet die Waren/ Güter vom Ort der Herstellung direkt bis zum Wohnort des Verbrauchers.

Zeitausgleichs- und Lagerfunktion:
Der Einzelhandel überbrückt durch die Lagerhaltung die Zeit zwischen der Herstellung der Waren und dem Zeitpunkt ihrer Verwendung.

Mengenausgleichsfunktion:
Der Einzelhandel kauft große Mengen ein und verkauft sie in handelsüblichen Mengen an den Verbraucher weiter.

Sortimentsbildung:
Der Einzelhandel stellt aus der Vielzahl der hergestellten Produkte ein kundengerechtes Sortiment zusammen.

Beratungsfunktion:
Der Einzelhandel berät den Verbraucher fachmännisch über Merkmale, Eigenschaften und Verwendungsmöglichkeiten der Produkte seines Sortiments.

Kundendienst:
Der Einzelhandel unterstützt den Verbraucher durch Leistungen wie Kreditgewährung, Reparaturen, Wartung und Pflege, Transport etc.

Marktbeobachtung:
Der Einzelhandel gibt Wünsche und Anregungen des Kunden hinsichtlich der Ansprüche an die Ware an den Hersteller weiter.

Markterschließung:
Der Einzelhandel hilft, durch absatzfördernde Maßnahmen neue Produkte am Markt einzuführen.

a) Sie informieren Ihre Kunden über aktuelle Trends, neue Produkte und Qualitäten und unterstützen sie bei ihrem Einkauf. **Beratungsfunktion** 5

b) Sie kaufen größere Mengen Kleinlederwaren ein und verkaufen sie einzeln an Ihre Kunden weiter. **Mengenausgleichsfunktion** 3

c) Sie bilden aus der Vielzahl von produzierten Handtaschen der verschiedenen Hersteller eine bedarfsgerechte Auswahl für Ihre Kunden. **Sortimentsbildung** 4

d) Sie bieten Ihren Kunden Handtaschen aus Italien an. Ihre Kunden können ihren Bedarf direkt bei Ihnen decken und müssen nicht ins Ausland reisen. **Raumüberbrückungsfunktion** 1

e) Sie bevorraten eine gewisse Anzahl von Artikeln, um jederzeit den Bedarf Ihrer Kunden decken zu können. **Zeitausgleichs- und Lagerfunktion** 2

©U-Form Verlag – Kopieren verboten!

3.02 Güterarten

Güter dienen der Befriedigung der menschlichen Bedürfnisse. Dabei wird zwischen freien und wirtschaftlichen Gütern unterschieden.

Freie Güter sind nahezu unbegrenzt vorhanden und deshalb kostenlos (z. B. Luft, Sonnenlicht).

Wirtschaftliche Güter hingegen sind nur in begrenzter Menge vorhanden. Sie verursachen bei der Herstellung Kosten, haben dadurch einen Preis und sind somit Gegenstand des Wirtschaftens.

Das folgende Schaubild gibt Ihnen einen Überblick über die Güterarten.

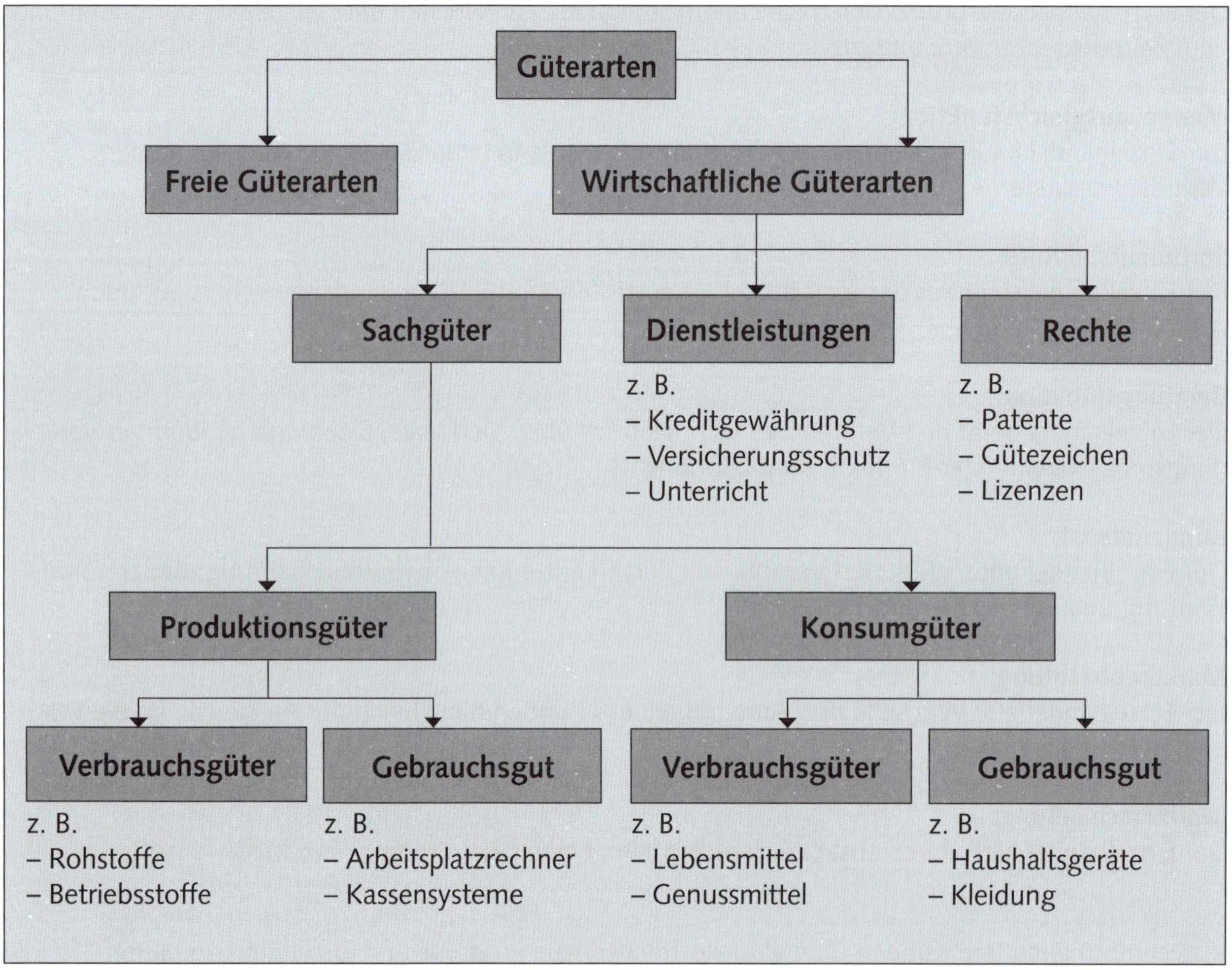

a) Mobiles Datenerfassungsgerät zur Erfassung der Inventurbestände	1
b) Kauf einer Pizza in der Warenhauskantine	4
c) Scannerkasse in der Lederwarenabteilung	1
d) Kauf eines Koffers für die nächste Reise	3
e) Bonrolle zum Drucken des Kassenbelegs	2

© U-Form Verlag – Kopieren verboten!

3.03 Wirtschaftssektoren

a) Die Reihenfolge der volkswirtschaftlichen Arbeitsteilung wird durch folgende drei Wirtschaftssektoren gekennzeichnet:

1. Primärer Wirtschaftssektor:
Dieser Sektor fasst die Betriebe der Urproduktion zusammen, die ihre wirtschaftlichen Güter aus der Nutzung der Natur gewinnen (Land- und Forstwirtschaft, Bergbau und Fischerei). Der primäre Wirtschaftssektor schafft die Voraussetzung für die Produktion.

2. Sekundärer Wirtschaftssektor:
Die Betriebe dieses Sektors bearbeiten und verarbeiten die gelieferten Rohstoffe der Urproduktionsbetriebe weiter und stellen daraus neue Produktions- und Konsumgüter her (Industrie- und Handwerksbetriebe).

3. Tertiärer Wirtschaftssektor:
Die Betriebe dieses Wirtschaftssektors verteilen die hergestellten Güter und sorgen dafür, dass der Wirtschaftsprozess von der Urproduktion bis zum Kauf durch den Verbraucher reibungslos abläuft (Groß- und Einzelhandel, Banken, Versicherungen, Transportunternehmen).

a) Warenhaus Meyer AG	3
b) Viehzucht Müller	1
c) Gerberei Günther	2
d) Lederwarengroßhandlung Schuster	3
e) Färberei Beier	2

Fortsetzung auf der nächsten Seite

©U-Form Verlag – Kopieren verboten!

3.03 Wirtschaftssektoren

Fortsetzung

b) Die Auswahlantwort **4.** ist richtig. 4

Das Zusammentreffen von Angebot und Nachfrage bezeichnet man als Markt.

Zwischen den Anbietern (Verkäufern) und den Nachfragern (Käufern) besteht auf dem Markt ein Spannungsverhältnis.

Ziel der Verkäufer ist es, ihre Produkte möglichst teuer zu verkaufen und ihren Gewinn zu maximieren. Ziel der Käufer ist dagegen, die Produkte möglichst preisgünstig zu kaufen und ihren Nutzen zu maximieren.

Die Höhe des Marktpreises ergibt sich aus dem Verhältnis zwischen Angebot und Nachfrage. Stehen Angebot und Nachfrage in einem ausgeglichenen Verhältnis zueinander, ergibt dies die Gleichgewichtsmenge und den entsprechenden Gleichgewichtspreis (Marktpreis).

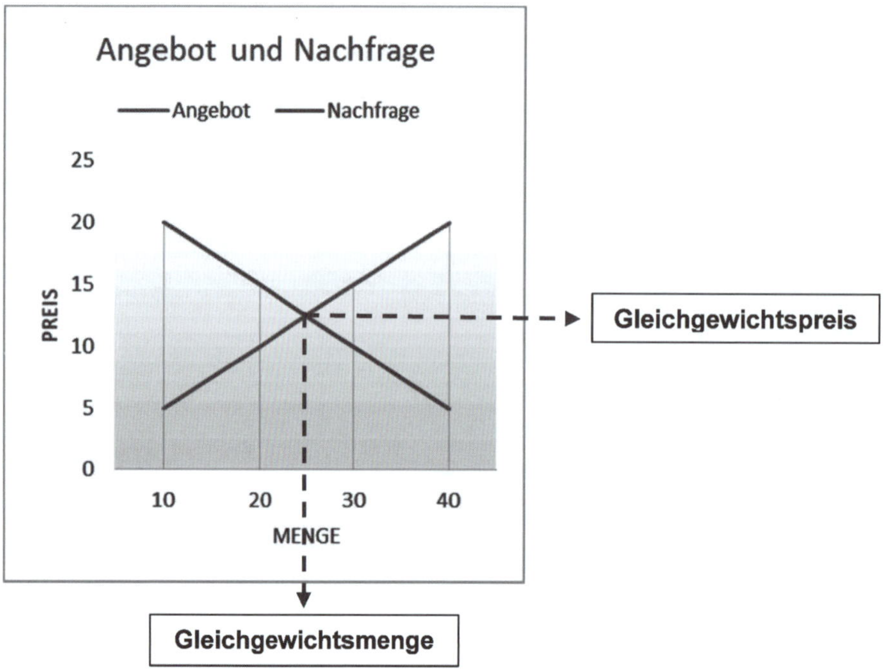

Der Einzelhändler kalkuliert seine Preise, indem er seine betrieblichen Kosten, seinen Gewinn und die Umsatzsteuer berücksichtigt. Diesen Preis kann der Einzelhändler jedoch nicht immer am Markt durchsetzen, da er die Ware aus Konkurrenzgründen zu einem geringeren Preis verkaufen muss oder sich der Preis an einer Preisempfehlung des Herstellers orientiert.

Die **unverbindliche Preisempfehlung** ist der vom Hersteller empfohlene Verkaufspreis an den Endverbraucher. Der Händler ist jedoch an diesen Preis nicht gebunden.

Der **Mindestpreis** ist ein staatlich festgesetzter Preis, der über- aber nicht unterschritten werden darf, um einen zu starken Preisverfall am Markt zu verhindern. Mindestpreise existieren vor allem bei Agrarerzeugnissen, wie Milch, Getreide und Fleisch.

© U-Form Verlag – Kopieren verboten!

3.04 Ökonomisches Prinzip

Bei jedem wirtschaftlichen Handeln muss, aufgrund der Knappheit der Güter, das ökonomische Prinzip beachtet werden.

Ziel des Handelns ist es, den Mitteleinsatz (Input) und den Erfolg (Output) in ein optimales Verhältnis zu setzen, so dass es ökonomisch (wirtschaftlich) vertretbar ist.

Entweder gilt es, mit gegebenen Mitteln einen möglichst großen Erfolg zu erzielen **(Maximalprinzip)** oder ein vorgegebenes Ziel mit möglichst geringem Aufwand zu erreichen **(Minimalprinzip)**.

Eine weitere Möglichkeit des wirtschaftlichen Handelns besteht darin, das Verhältnis von Mitteleinsatz und Erfolg möglichst optimal zu gestalten **(Extremumprinzip)**.

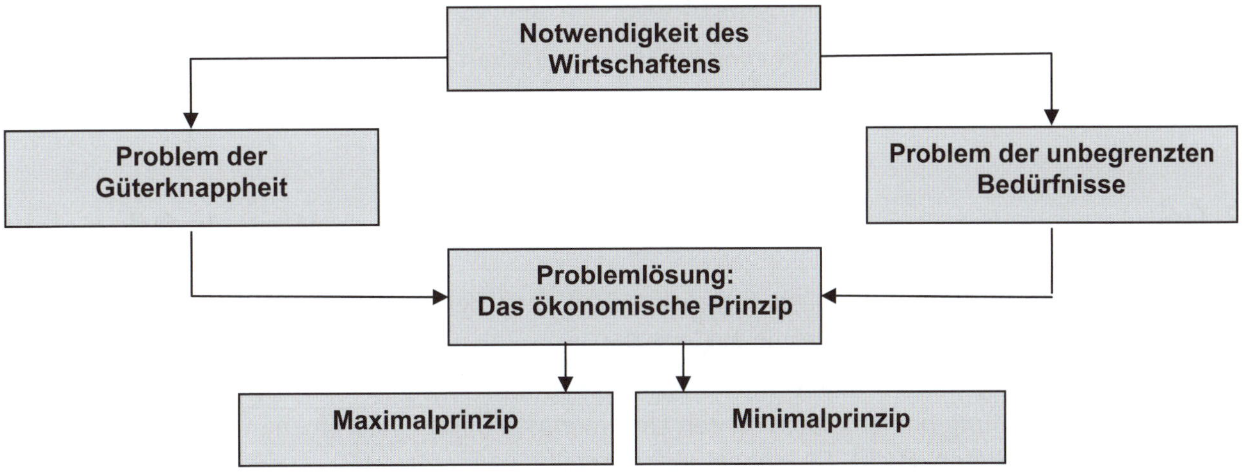

a) Sie versuchen mit einem möglichst geringen Werbetat die Werbung zur Neueröffnung zu gestalten.	1
b) Ihnen liegen drei Angebote über Geldbörsen vor. Sie führen einen Angebotsvergleich durch und bestellen die benötigte Menge bei dem Lieferanten mit dem günstigsten Einstandspreis.	1
c) Ihnen stehen für die Sonderaktion zur Neueröffnung fünf Mitarbeiter zur Verfügung. Durch eine gezielte Personalplanung möchten Sie erreichen, dass Ihre Abteilung immer optimal besetzt ist.	2
d) Sie streben mit dem möglichst geringsten Wareneinsatz den größtmöglichen Warenumsatz an.	3
e) Sie kaufen immer beim teuersten Lieferanten.	3

©U-Form Verlag – Kopieren verboten!

3.05 Erwerbswirtschaftliches Prinzip

Die Auswahlantwort **3.** ist richtig. 3

Nach dem erwerbswirtschaftlichen Prinzip ist es das oberste Ziel eines Unternehmens, den größtmöglichen Gewinn zu erzielen. Das bedeutet, es wird die größtmögliche Verzinsung des eingesetzten Kapitals angestrebt (= Rentabilitätsprinzip).

Die Unternehmen streben natürlich den größtmöglichen Umsatz an. Der Umsatz allein sagt jedoch noch nichts über den Erfolg eines Unternehmens aus. Erst die Gegenüberstellung aller Aufwendungen und Erträge ermöglicht die Gewinnermittlung. Der Umsatz ist dabei eine wichtige Kennzahl.

Die Stabilität des Preisniveaus zählt zu den wirtschaftspolitischen Zielen. Hierzu gehört außerdem die Vollbeschäftigung, d. h. ein hoher Beschäftigungsgrad mit einer möglichst geringen Arbeitslosenquote, das außenwirtschaftliche Gleichgewicht sowie ein stetiges Wirtschaftswachstum.

Ein möglichst verantwortungsvoller Umgang mit den natürlichen Ressourcen ist ein umweltpolitisches Ziel.

3.06 Wirtschaftskreislauf

a) Das einfache Wirtschaftsmodell lässt sich als Kreislauf darstellen, in dem die Haushalte und die Unternehmen Geld- und Güterströme austauschen.

Die privaten Haushalte stellen den Unternehmen die Produktionsfaktoren Arbeit, Boden und Kapital zur Verfügung und erhalten von den Unternehmen dafür Einkommen in Form von Löhnen und Gehältern, Mieten, Pacht, Gewinnen und Zinsen.

Unter dem **Produktionsfaktor Arbeit** versteht man die geistige und körperliche Arbeit, die die Haushalte den Unternehmen zu Verfügung stellen.

Der **Produktionsfaktor Boden** kennzeichnet Flächen, die als Standort für Betriebe, Verkehrs- und Wohnflächen, als Anbauflächen für Land- und Forstwirtschaft und als Lieferant von Rohstoffen von den Haushalten zur Verfügung gestellt werden.

Der **Produktionsfaktor Kapital** umfasst das Realkapital, d. h. alle produzierten Produktionsmittel und das Geldkapital, d. h. alle finanziellen Mittel für Investitionen.

Die Unternehmen stellen Konsumgüter her, die sie den Haushalten anbieten. Die Haushalte geben ihr Einkommen für diese Konsumgüter aus. Die Konsumausgaben fließen den Unternehmen wieder zu.

aa) Ihr Mitarbeiter, Herr Scholz, leistete im Monat Januar 10 Überstunden.	2
ab) Frau Huber bezahlt die Geldbörse, die sie als Geschenk für ihre Freundin gekauft hat.	4
ac) Herr Scholz erhält im Februar die 10 Überstunden mit seiner Entgeltabrechnung vergütet.	1
ad) Sie liefern einem Kunden den bestellten Koffer.	3
ae) Sie bezahlen den Kuchen, den Sie für die Abteilungsbesprechung gekauft haben.	4

Fortsetzung auf der nächsten Seite

© U-Form Verlag – Kopieren verboten!

3.06 Wirtschaftskreislauf

Fortsetzung

3

b) Die Auswahlantwort **3.** ist richtig.

Beim einfachen Wirtschaftskreislauf verlaufen zwei entgegengesetzte Ströme, der Geld- und der Güterstrom.

Geldstrom
Die Haushalte kaufen mit ihrem Einkommen, dass sie von den Unternehmen erhalten, die bereitgestellten Güter. Diese Konsumausgaben fließen den Unternehmen wieder zu.

Güterstrom
Die Haushalte stellen den Unternehmen die Produktionsfaktoren Arbeit, Boden und Kapital zur Verfügung, im Gegenzug produzieren die Unternehmen Waren und Dienstleistungen und bieten sie den Haushalten an.

3.07 Kooperation

4

Auswahlantwort **4**. ist richtig.

Unter Kooperation versteht man die Zusammenarbeit mehrerer rechtlich und wirtschaftlich selbstständiger Unternehmen, mit dem Ziel, gemeinsam ihre Wettbewerbsfähigkeit zu erhalten und zu steigern.

Die in der Aufgabenstellung beschriebene Vertragsvereinbarung beschreibt das Rack-Jobber-System (Regalgroßhändler).

Der Einzelhändler – in diesem Fall das Warenhaus Meyer – stellt einem Großhändler oder Hersteller (Lederwarengroßhändler Schulze) Regalflächen zur Verfügung, die dieser mit Ware bestückt. Der Großhändler übernimmt dabei alle Aufgaben, die im Zusammenhang mit der Ware stehen (Preisauszeichnung, Nachfüllen von Waren, Aussortieren alter Ware, Pflege der Regalfläche) und trägt allein das Absatzrisiko.

Der Einzelhändler kann seinen Kunden so risikolos ein zusätzliches Sortiment anbieten, da der Großhändler oder Hersteller nicht verkaufte Ware zurücknimmt.

Weitere Kooperationsformen im Handel sind:

- die Kooperationen auf der Stufe des Einzelhandels. Dazu zählen Einkaufsverbände, Einkaufsgenossenschaften, Einkaufszentren und das Shop in Shop-System.
- die Kooperationen zwischen dem Groß- und dem Einzelhandel. Dazu zählen – neben dem bereits oben beschriebenen Rack-Jobber-System – die freiwillige Kette und das Franchising.

©U-Form Verlag – Kopieren verboten!

3.08 Franchising

a) Die Auswahlantwort **1.** ist richtig. 1

Franchising ist eine besondere Form der Kooperation zwischen einem Hersteller und einem Einzelhändler. Der Franchise-Geber bietet dem Franchise-Nehmer, auf der Basis eines langfristigen Vertrages, ein Beschaffungs-, Absatz- und Organisationskonzept und verschafft ihm das Recht an der Nutzung einer Marke oder eines Firmennamens.

Der Franchise-Nehmer ist dabei im eigenen Namen und auf eigene Rechnung tätig. Alle beteiligten Franchise-Nehmer treten den Kunden gegenüber einheitlich auf. Der Franchise-Nehmer hat das Recht und die Pflicht, das Franchise-Paket gegen die Zahlung eines bestimmten Betrages zu nutzen und das Kapital und die Arbeitskräfte zu stellen.

b) Die Auswahlantworten **3.** und **5.** sind richtig. 3 5

Das Franchise-System bietet beiden Vertragsparteien Vorteile.

Vorteile für den Franchise-Nehmer:
- er erhält das Recht auf die Nutzung eines Waren- oder Markenzeichens
- er erhält ein Beschaffungs-, Absatz- und Organisationskonzept
- er bleibt rechtlich selbstständig
- er erhält bei der Gründung eines Einzelhandelsbetriebes günstige Startbedingungen (z. B. Finanzierung)

Vorteile des Franchise-Gebers:
- er erreicht eine Vereinfachung der Markterschließung durch die Aufnahme neuer Partner
- die Vertriebskosten und des Absatzrisiko werden vom Franchisenehmer getragen
- er hat geringe Investitionskosten
- er kann Einfluss auf die Vertragspartner wie bei einem Filialsystem nehmen

Die Nachteile für den Franchise-Nehmer liegen in der sehr engen Bindung an den Franchise-Geber, in der Verpflichtung zur Zahlung einer Umsatzprovision und in der starken Einschränkung bei der individuellen Präsentation des eigenen Unternehmens.

3.09 Kooperation

Die Auswahlantworten **1.**, **2.** und **4.** sind richtig. 1 2 4

Mit der Kooperation versuchen die beteiligten Unternehmen durch die Zusammenarbeit in bestimmten Bereichen Arbeitsabläufe zu rationalisieren, damit ihre Kosten zu senken und so ihre Wettbewerbsfähigkeit zu verbessern, um so ihre Stellung am Markt zu erhalten oder auszubauen.

Maßnahmen, um dieses Ziel zu erreichen, können u. a. sein:
- der gemeinsame Einkauf der Ware zur Verbesserung der Einkaufs- und Lieferkonditionen mit dem Ziel der Optimierung der Warenversorgung,
- Austausch von Erfahrungen und Nutzen des Wissens und der Kompetenz des Kooperationspartners,
- ggf. gemeinsame Aus- und Weiterbildung der Mitarbeiter

© U-Form Verlag – Kopieren verboten!

3.10 Wettbewerbsbeschränkungen

Das **Gesetz gegen Wettbewerbsbeschränkungen (GWB)** dient der Sicherung und Erhaltung des Wettbewerbs und bildet damit die wesentliche Grundlage für die Wettbewerbspolitik.

Nach dem GWB sind grundsätzlich alle Verträge und Absprachen zwischen Unternehmen verboten, die den Wettbewerb verhindern, einschränken oder verfälschen.

Das Gesetz enthält Vorschriften zu

- dem Verbot von Firmenzusammenschlüssen, die zu einer marktbeherrschenden Stellung führen,
- zu verbotenen, anmeldungspflichtigen und genehmigungspflichtigen Kartellen und
- zu Preisempfehlungen.

Das Bundeskartellamt, der Bundeswirtschaftsminister und die Europäische Kommission sind für die Kontrolle und Anwendung des Gesetzes zuständig.

Das **Gesetz gegen den unlauteren Wettbewerb (UWG)** verbietet die irreführende und vergleichende Werbung und die unzumutbare Belästigung durch den Werbenden.

Unter irreführender Werbung versteht das Gesetz irreführende Angaben über:

- die eigenen geschäftlichen Verhältnisse, insbesondere die Eigenschaften und die Rechte des Werbenden
- die Merkmale der Ware oder Dienstleistungen wie Verfügbarkeit, Art, Ausführung, Zusammensetzung, Verfahren und Zeitpunkt der Herstellung, Menge, Beschaffenheit und Güte
- den Anlass des Verkaufs, den Preis sowie die Bedingungen, unter denen die Ware geliefert oder die Dienstleistungen gestellt werden.

Vergleichende Werbung ist jede Werbung, die unmittelbar oder mittelbar

- einen Mitbewerber oder die von einem Mitbewerber angebotenen Waren oder Dienstleistungen erkennbar macht,
- die zu Verwechslungen führt oder den Mitbewerber herabsetzt oder verunglimpft.

Unlauter im Sinne des UWG handelt der Werbende auch, wenn er einen Marktteilnehmer in unzumutbarer Weise belästigt. Unzumutbar ist die Werbung, wenn

- erkennbar ist, dass der Empfänger die Werbung nicht wünscht,
- Werbung durch Telefonanrufe bei Verbrauchern ohne deren Einwilligung erfolgt,
- Werbung unter Verwendung von elektronischer Post (z.B. Fax, E-Mail) ohne Einwilligung des Adressaten erfolgt,
- Werbung durch Nachrichten erfolgt, welche die Identität des Absenders verschleiert oder verheimlicht.

Fortsetzung auf der nächsten Seite

©U-Form Verlag – Kopieren verboten!

3.10 Wettbewerbsbeschränkungen

Fortsetzung

Die **Preisangabenverordnung (PAngV)** schreibt dem Einzelhändler vor, dass

- die Preise für Waren oder Dienstleistungen einschließlich der Mehrwertsteuer anzugeben sind (Bruttoverkaufspreise),
- zusätzlich die Verkaufseinheit und die Gütebezeichnung anzugeben ist,
- bei Fertigpackungen auch der Grundpreis je Mengeneinheit (z.B. Meter, Kilogramm oder Liter) anzugeben ist,
- alle zum Verkauf bestimmten Waren im Schaufenster und Verkaufsraum durch deutlich lesbare und eindeutig zuzuordnende Preisschilder auszuzeichnen sind. Ausnahmen von dieser Regelung gelten u.a. für Antiquitäten, Kunstgegenstände, Sammlerstücke und Blumen, die direkt vom Freiland verkauft werden.

a) Preise sind für den Endverbraucher einschließlich der Umsatzsteuer anzugeben.
Preisangabenverordnung § 1 (1) — 3

b) Für Kredite müssen Banken den effektiven Jahreszinssatz angeben.
Preisangabenverordnung § 6 (1) — 3

c) Verkaufsanlass, Preis und die Bedingungen, unter denen die Ware geliefert wird, müssen für den Kunden eindeutig und klar erkennbar sein.
Gesetz gegen den unlauteren Wettbewerb § 5 (1) — 2

d) Verbot von Unternehmenszusammenschlüssen, wenn dadurch eine marktbeherrschende Stellung entsteht.
Gesetz gegen Wettbewerbsbeschränkungen § 19 — 1

e) Werbung durch Telefonanrufe bei Verbrauchern ohne deren Einwilligung stellt eine unzumutbare Belästigung dar.
Gesetz gegen unlauteren Wettbewerb § 7 (2) — 2

© U-Form Verlag – Kopieren verboten!

3.11 Rechtsgeschäfte

Unter **Rechtsgeschäften** versteht man Willenserklärungen, die ein Rechtsgeschäft begründen (z. B. Kaufvertrag, Arbeitsvertrag, Kündigung).

Diese Willenserklärungen können sowohl mündlich wie schriftlich und auch durch reine Handlungen, wie z. B. einem Handschlag oder Kopfnicken, abgegeben werden.

Bei einem **einseitigen Rechtsgeschäft** ist die Willenserklärung nur einer Person notwendig. Dabei unterscheidet man zwischen **empfangsbedürftigen** und **nicht empfangsbedürftigen Willenserklärungen**.

Willenserklärungen, die bereits mit ihrer Abgabe rechtswirksam werden, sind nicht empfangsbedürftig (z. B. Testament).

Empfangsbedürftige Willenserklärungen müssen die betroffene Person über den Inhalt in Kenntnis setzen (z. B. Kündigung, Mahnung).

Bei einem **zwei- oder mehrseitigen Rechtsgeschäft** müssen zwei oder mehr inhaltlich übereinstimmende Willenserklärungen abgegeben werden, damit das Rechtsgeschäft zustande kommt (z. B. Kaufvertrag, Mietvertrag, Erbvertrag etc.).

a) Sie schicken Ihrem Lieferanten eine Anfrage zur Lieferung von Herrengürteln.	3
b) Die Warenhaus Meyer AG schließt mit Ihrer neuen Mitarbeiterin Frau Kurmann einen Arbeitsvertrag ab.	2
c) Die Warenhaus Meyer AG kündigt einer Aushilfskraft fristlos.	1
d) Sie schließen mit einem Stammkunden einen Kaufvertrag über eine Computertasche ab.	2
e) Zur Finanzierung neuer Warenträger nimmt die Warenhaus Meyer AG einen Bankkredit auf.	2

3.12 Rechtsgeschäfte

Unter **Rechtsfähigkeit** versteht man die Fähigkeit, Träger von Rechten und Pflichten zu sein.
Dabei wird zwischen natürlichen und juristischen Personen unterschieden.

Juristische Personen sind Personen des privaten Rechts (z. B. Kapitalgesellschaften, Vereine) und des öffentlichen Rechts (z. B. Schulen, Krankenhäuser).

Die Rechtsfähigkeit natürlicher Personen beginnt mit der Geburt und endet mit dem Tod. Die Rechtsfähigkeit juristischer Personen beginnt mit der Eintragung und endet mit der Löschung aus den entsprechenden Registern.

Als geschäftsfähig gelten alle Personen, die rechtsgültige Willenserklärungen abgeben können.
Die **unbeschränkte Geschäftsfähigkeit** erreicht man **mit** der **Vollendung des 18. Lebensjahres**.

Das Bürgerliche Gesetzbuch schützt Kinder und Jugendliche vor den Folgen des Rechts- und Geschäftsverkehrs.

Geschäftsunfähig sind Kinder unter sieben Jahren und dauernd geisteskranke Personen. Die Willenserklärung eines Geschäftsunfähigen ist nichtig.

Fortsetzung auf der nächsten Seite

©U-Form Verlag – Kopieren verboten!

3.12 Rechtsgeschäfte

Fortsetzung

Nichtig sind außerdem Willenserklärungen,

- die im Zustand der Bewusstlosigkeit oder vorübergehender Störung der Geistestätigkeit abgegeben werden,
- die nur zum Schein abgegeben wurden (Scheingeschäft) oder offensichtlich nicht ernst gemeint waren (Scherzgeschäft),
- die gegen gesetzliche Bestimmungen, gesetzliche Formvorschriften oder die guten Sitten verstoßen.

Kinder bzw. Jugendliche zwischen 7 und 18 Jahren sind beschränkt geschäftsfähig. Rechtsgeschäfte beschränkt geschäftsfähiger Personen bedürfen grundsätzlich der Zustimmung der gesetzlichen Vertreter. Wird ein Rechtsgeschäft von Minderjährigen ohne vorherige Zustimmung der gesetzlichen Vertreter abgeschlossen, ist der Vertrag **schwebend unwirksam**.

Dies bedeutet, dass der Vertrag entweder unwirksam ist bei Ablehnung durch die gesetzlichen Vertreter oder wirksam wird durch deren nachträgliche Zustimmung.

Verträge, die der Minderjährige im Rahmen der ihm zur Verfügung gestellten Mittel abschließt, sind wirksam (Taschengeldparagraf).

Anfechtbar sind Willenserklärungen,

- die durch Irrtum in der Erklärung, der Übermittlung oder über wesentliche Eigenschaften der Person oder der Sache abgegeben wurden (z. B. durch Verschreiben oder Versprechen),
- die aufgrund arglistiger Täuschung (bewusstes Verschweigen von Mängeln) abgegeben wurden,
- die durch Drohung oder Nötigung erzwungen wurden.

a) Sie bestellen aufgrund eines verbindlichen Angebotes der Firma Schuster irrtümlich 100 Stück einer Ware anstatt der benötigten 10 Stück.	4
b) Ein 15-jährige Kundin kauft eine Handtasche des Markenherstellers Exzellent zu einem Preis von 249,00 €.	2
c) Der 5-jährige Sohn Ihrer Mitarbeiterin, Frau Schwarz, kauft als Geschenk für seine Mutter, einen Schlüsselanhänger für 19,99 €.	3
d) Sie nehmen ein günstiges Angebot Ihres Großhändlers wahr und kaufen bei ihm 20 Koffer. Die Koffer finden bei Ihren Kunden aber keinen Absatz.	1
e) Ihr 17-jähriger Auszubildender, Herr Schuhmann, kauft für seine Geburtstagsfeier eine Flasche Whiskey.	3

© U-Form Verlag – Kopieren verboten!

3.13 Vertragsfreiheit

4

Die Auswahlantwort **4.** ist richtig.

Unter Vertragsfreiheit versteht man, dass die Vertragspartner grundsätzlich frei entscheiden können, mit wem (Abschlussfreiheit) und mit welchem Inhalt (Gestaltungsfreiheit) sie Verträge abschließen.

Diese Freiheit wird zum Schutz aller Beteiligten allerdings durch eine Vielzahl von Gesetzen eingeschränkt, wie z. B. durch die gesetzlichen Bestimmungen zur Geschäftsfähigkeit, zum Verbrauchsgüterkauf oder zu sittenwidrigen Verträgen.

3.14 Kaufvertrag

Der Kaufvertrag ist ein Rechtsgeschäft, das durch einen Antrag und eine Annahmerklärung, also durch zwei inhaltlich übereinstimmende Willenserklärungen, zustande kommt. Dabei kann der Antrag auf den Abschluss vom Verkäufer oder vom Kunden ausgehen.

Der Verkäufer unterbreitet ein Angebot, das der Käufer annimmt (Angebot + Bestellung).
Der Käufer bestellt eine Ware ohne vorheriges Angebot, der Verkäufer bestätigt die Bestellung (Bestellung + Auftragsbestätigung).

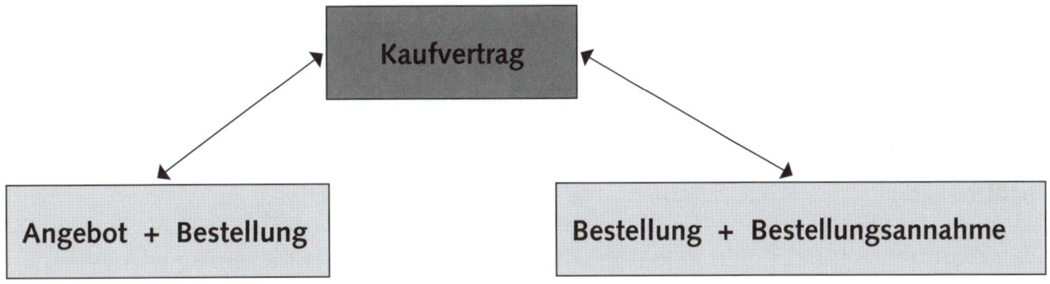

Mit dem Abschluss des Kaufvertrages entstehen für beide Vertragsparteien Rechte und Pflichten (Verpflichtungsgeschäft) die erfüllt werden müssen, um die vertraglichen Vereinbarungen abzuschließen (Erfüllungsgeschäft).

a) Eine Kundin informiert sich bei Ihrer Mitarbeiterin Frau Schwarz über eine passende Geldbörse zu ihrer Handtasche.	3
b) Frau Schwarz stellt daraufhin eine Anfrage beim Hersteller Exzellent zu Preis und Lieferbedingungen der gewünschten Geldbörse.	3
c) Frau Schwarz bietet der Kundin die Geldbörse für 49,90 € an. Die Kundin bestellt die Geldbörse daraufhin.	1
d) Frau Schwarz bestellt die Geldbörse aufgrund des verbindlichen Angebotes des Herstellers.	1
e) Da die Geldbörsen der Firma Exzellent in der letzten Zeit häufig nachgefragt wurden, bestellen Sie noch weitere Modelle. Die Firma Exzellent schickt Ihnen eine Auftragsbestätigung.	2

3.15 Verpflichtungsgeschäft/Besitz und Eigentum

a) Die Auswahlantwort **1.** ist richtig. 1

Mit dem Abschluss des Kaufvertrages entstehen für beide Vertragsparteien Rechte und Pflichten **(Verpflichtungsgeschäft)** die, um die vertraglichen Vereinbarungen abzuschließen, erfüllt werden müssen **(Erfüllungsgeschäft)**.

Um den Vertrag zu erfüllen, muss der Verkäufer dem Käufer die einwandfreie Ware rechtzeitig an dem richtigen Ort übergeben, dem Käufer das Eigentum an der Ware verschaffen und das Geld annehmen.

Der Käufer muss die Ware annehmen und den vereinbarten Preis zahlen.

Erfolgt die Erfüllung des Kaufvertrages nicht richtig, nicht rechtzeitig oder mangelhaft, kommt es zu Kaufvertragsstörungen.

b) Unter Eigentum versteht man die rechtliche Herrschaft über eine Sache, Besitz hingegen ist die tatsächliche Herrschaft über eine Sache.

Eigentümer und Besitzer einer Sache kann ein und dieselbe Person sein (z. B. Nutzen des selbst gekauften PKW) oder verschiedene Personen sein (z. B. Nutzen eines geleasten PKW).

ba)	Die Warenhaus Meyer AG hat die neuen Scannerkassen aus Rücklagen finanziert und die Rechnung sofort bezahlt.	3
bb)	Sie sortieren die Lieferung Handtaschen der Firma Schuster in den Warenträger ein. Im Kaufvertrag wurde ein Eigentumsvorbehalt vereinbart. Die Rechnung wurde noch nicht bezahlt.	1
bc)	Das Warenhaus nutzt einen geleasten Kleintransporter zur Auslieferung von Waren.	1
bd)	Das Warenhaus hat einen Teil der eigenen Büroräume an eine Computerfirma vermietet.	2
be)	Ein Vertreter bietet Ihnen einen sehr günstigen Restposten Handtaschen an. Noch bevor Sie die Ware erhalten, erfahren Sie, dass diese Ware aus illegalen Importen stammt.	4

© U-Form Verlag – Kopieren verboten!

3.16 Angebotsinhalte

Mit dem Angebot richtet sich der Anbieter (Firma Schuster KG) an eine bestimmte Person (Warenhaus Meyer AG) und erklärt, unter welchen Bedingungen er bereit ist, Waren zu liefern oder Dienstleistungen zu erfüllen.

Ein Angebot sollte dabei mindestens folgende Angaben enthalten:

- Eine genaue Beschreibung der Ware nach Art, Beschaffenheit und Güte. Dies kann mit Hilfe von Mustern, Proben oder Abbildungen unterstützt werden,
- den Preis und die Menge der Ware einschließlich der Nachlässe (z. B. Mengenrabatte),
- die Lieferbedingungen, in denen geregelt wird, wer die Transportkosten trägt,
- die Zahlungsbedingungen und den Erfüllungsort.

a) Lieferbedingungen	5
b) Zahlungsbedingungen	7
c) Art, Beschaffenheit und Güte der Ware	2
d) Preisabzüge	6
e) Garantie	4

3.17 Angebotsbindung

2

Die Auswahlantwort **2.** ist richtig.

Die Abgabe eines Angebotes ist an keine Form gebunden, es kann sowohl schriftlich, mündlich, telefonisch als auch per Fax abgegeben werden. Mit dem Angebot erklärt sich der Anbieter bereit, eine Ware unter den angegebenen Voraussetzungen zu liefern oder eine Dienstleistung zu erfüllen. Mit der Abgabe ist er rechtlich an sein Angebot gebunden.

Die Bindung an ein Angebot erlischt, wenn der Anbieter

- sein Angebot rechtzeitig widerruft (der Widerruf muss spätestens gleichzeitig mit dem Angebot eintreffen),
- wenn die Bestellung des Käufers von den Angebotsinhalten abweicht oder
- die Bestellung des Käufers zu spät eintrifft.

Der Anbietende ist nur so lange an sein Angebot gebunden, bis der Eingang der Antwort unter regelmäßigen Umständen erwartet werden kann. Der Käufer muss also das Angebot in der gleichen Zeit annehmen, wie es abgegeben wurde.

Das bedeutet,
ein **telefonisch** abgegebenes Angebot muss **sofort,**
ein **per Fax** abgegebenes Angebot **am gleichen Tag**
und ein **briefliches Angebot innerhalb einer Woche** angenommen werden.

Der Anbieter kann die Bindung seines Angebotes allerdings auch von vornherein ausschließen oder für bestimmte Teile einschränken, indem er die so genannten Freizeichnungsklauseln einsetzt.

Beispiele:

- freibleibend, unverbindlich, ohne Gewähr, ohne Obligo (= das Angebot kann noch geändert oder zurückgenommen werden, die Bindung an das Angebot wird ausgeschlossen)
- solange der Vorrat reicht (= die Menge ist begrenzt und kann nach einiger Zeit ausverkauft sein)
- Preise verstehen sich freibleibend (= die angebotenen Preise können sich ändern)

Damit aufgrund eines Angebotes mit Freizeichnungsklausel ein Kaufvertrag entsteht, ist nach erfolgter Bestellung eine Auftragsbestätigung durch den Anbieter notwendig.

© U-Form Verlag – Kopieren verboten!

3.18 Kaufvertragsarten

a) Die Auswahlantwort **5.** ist richtig. 5

Bei dem vorliegenden Kaufvertrag handelt es sich um einen **Terminkauf.** Die Lieferung der Ware muss innerhalb einer festgelegten Frist oder zu einem bestimmten Termin erfolgen, z. B. „Die Lieferung erfolgt innerhalb von 14 Tagen“, „Die Lieferung erfolgt am 14.08.2017“ oder „Die Lieferung erfolgt bis 14.08.2017“.

b) Kaufverträge lassen sich unterscheiden:

Nach der rechtlichen Stellung der Vertragspartner:

Bürgerlicher Kauf: Die Vertragspartner sind Nicht-Kaufleute

Einseitiger Handelskauf: Ein Vertragspartner ist Kaufmann

Zweiseitiger Handelskauf: Beide Vertragspartner sind Kaufleute

Nach der Art, Güte und Beschaffenheit der Ware:

Der **Kauf auf Probe** beinhaltet die Möglichkeit der Rückgabe innerhalb einer festgelegten Frist. Das Risiko eines Fehlkaufs wird eingeschränkt, da der Käufer die Ware ausgiebig prüfen kann.

Beim **Kauf nach Probe** wird der Kaufvertrag aufgrund eines vorhergehenden Musters abgeschlossen. Das Muster wird als Maßstab für die gesamte Lieferung angesehen.

Beim **Kauf zur Probe** liegt ein Kaufvertrag über eine kleine Menge vor, aus dem dann weitere Bestellungen folgen können. Die Probe dient als Beweismittel für die zugesicherte Art und Qualität der gekauften Ware.

Beim **Spezifikationskauf** (Bestimmungskauf) behält sich der Käufer die nähere Bestimmung bestimmter Warenmerkmale wie z. B. Form, Farbe oder Maß bis zu einem festgesetzten Zeitpunkt vor.

Beim **Gattungskauf** wird ein Kaufvertrag über eine vertretbare, also eine mehrfach vorhandene Ware geschlossen.

Beim **Stückkauf** hingegen wird ein Kaufvertrag über eine nicht vertretbare, also eine einmalige Sache abgeschlossen (z. B. Originalgemälde).

Beim **Ramschkauf (Kauf „en bloc“)** kauft der Käufer Waren zu einem Pauschalpreis, ohne dass für die einzelnen Waren Qualitätszusicherungen gemacht werden.

Nach den vereinbarten Lieferbedingungen:

Beim **Fixkauf** wird im Kaufvertrag festgelegt, dass die Ware zu einem fest vereinbarten Termin geliefert wird. Der vereinbarte Liefertermin erhält den Zusatz „fix“ oder „fest“ oder „genau am...“.

Beim **Terminkauf** muss die Ware innerhalb einer festgelegten Frist oder zu einem vereinbarten Termin erfolgen, z. B. „Die Lieferung erfolgt am 14.08.2017“, „Die Lieferung erfolgt innerhalb von 14 Tagen“.

Beim **Kauf auf Abruf** wird im Kaufvertrag vereinbart, dass der Käufer die Ware bis zu einem vereinbarten Zeitpunkt je nach Bedarf ganz oder in Teilmengen abruft. Diese Kaufvertragsart ermöglicht die Ausnutzung von Rabatten und die Verringerung der Lagerkosten.

Fortsetzung auf der nächsten Seite

©U-Form Verlag – Kopieren verboten!

3.18 Kaufvertragsarten

Fortsetzung

Nach den vereinbarten Zahlungsbedingungen:

Beim **Barkauf** zahlt der Käufer den Kaufpreis unmittelbar nach dem Erhalt der Ware.

Der **Zielkauf** ist ein Kauf, bei dem die Zahlung erst eine bestimmte Zeit nach Lieferung der Ware erfolgen muss.

Beim **Ratenkauf** ist der Kaufpreis in gleich hohen Teilbeträgen und in regelmäßigen Zeitabständen zu zahlen.

Beim **Kommissionskauf** wird im Kaufvertrag vereinbart, dass die Ware erst nach deren Verkauf bezahlt werden muss. Ware, die sich nicht verkaufen lässt, kann zurückgegeben werden. Der Käufer kann so risikolos sein Sortiment erweitern.

Kaufvertragsarten nach:			
Vertragspartner	**Art, Güte und Beschaffenheit der Ware**	**Lieferbedingungen**	**Zahlungsbedingungen**
Bürgerlicher Kauf Einseitiger Handelskauf Zweiseitiger Handelskauf	Kauf auf Probe Kauf nach Probe Kauf zur Probe Spezifikationskauf Gattungskauf Stückkauf Ramschkauf	Fixkauf Terminkauf Kauf auf Abruf	Barkauf Zielkauf Ratenkauf Kommissionskauf

ba) Mit dem Lieferanten wird vereinbart, dass die Rechnung erst nach Ablauf einer Frist von 30 Tagen bezahlt werden muss. **1**

bb) Beim Kauf eines größeren Postens Koffer wird vereinbart, dass die Ware beim Lieferanten gelagert und bei Bedarf, innerhalb einer festgesetzten Frist, zugestellt wird. **4**

bc) Die Kaufverträge, die für die Angebote zur Neueröffnung bei verschiedenen Lieferanten abgeschlossen werden, enthalten beim Liefertermin den Zusatz „genau am ...". **5**

bd) Beim Kauf eines großen Sonderpostens Handytaschen im unteren Preissegment muss dem Lieferanten die Farbe und der gewünschte Aufdruck bis zu einem festgelegten Zeitpunkt mitgeteilt werden. **2**

be) Beim Lieferanten Lederwaren Heise GmbH wird für die Eröffnungsaktion ein Posten Handtaschen zu einem Pauschalpreis gekauft, ohne dass einzelne Farben oder Formen festgelegt werden. **3**

© U-Form Verlag – Kopieren verboten!

3.19 Lieferbedingungen

Die Auswahlantwort **1.** ist richtig. 1

Die mit der Schuster KG vereinbarte Lieferbedingung lautet: „Die Lieferung erfolgt ab Werk."
Das bedeutet, der Käufer trägt sämtliche Beförderungskosten.

Zu den Beförderungskosten zählen:

- **Hausfracht Versand** (Kosten für den Transport der Warensendung vom Geschäft des Verkäufers bis zum Versandbahnhof)
- **Wiege- und Verladekosten**
- **Fracht** (Kosten für den Transport der Warensendung vom Versandbahnhof bis zum Empfangsbahnhof)
- **Entladekosten**
- **Hausfracht Empfang** (Kosten für den Transport der Warensendung vom Empfangsbahnhof bis zum Geschäft des Käufers)

Wird im Kaufvertrag keine Vereinbarung zu den Beförderungskosten getroffen, gilt die folgende gesetzliche Regelung:

Haben Verkäufer und Käufer ihren Geschäftssitz am selben Ort, trägt der Käufer die gesamten Beförderungskosten (Platzkauf). Haben Verkäufer und Käufer ihren Geschäftssitz nicht am selben Ort, trägt der Käufer die Kosten ab Versandbahnhof (Versendungskauf).

Abweichend von dieser Regelung haben Verkäufer und Käufer die Möglichkeit, vertragliche Vereinbarungen zu treffen.

Vertragliche Lieferungsbedingungen

Ab Lager, ab Fabrik, ab Werk	Der Käufer trägt sämtliche Beförderungskosten
Unfrei, ab hier, ab Bahnhof hier (gesetzliche Regelung)	Der Käufer trägt alle Beförderungskosten ab Versandbahnhof
Frachtfrei, frei dort, frei Bahnhof dort	Der Käufer trägt die Beförderungskosten ab Empfangsbahnhof
Frei Haus, frei Lager	Der Verkäufer trägt sämtliche Beförderungskosten

©U-Form Verlag – Kopieren verboten!

3.20 Eigentumsvorbehalt

Die Auswahlantworten **1.** und **5.** sind richtig. 1 5

Der Vermerk „Die Ware bleibt bis zur Bezahlung Eigentum des Verkäufers" im Angebot der Firma Hackert kennzeichnet den **Eigentumsvorbehalt** (§ 449 BGB).

Liefert ein Unternehmen ein Produkt unter Eigentumsvorbehalt, dann behält es sich das Eigentum an dieser Ware bis zur vollständigen Zahlung vor. Der Käufer, die Warenhaus Meyer AG, wird zunächst nur Besitzer.

Der Eigentumsvorbehalt bewirkt, dass der Verkäufer beim Zahlungsverzug des Käufers

- vom Kaufvertrag zurück treten und anschließend die Herausgabe der Ware verlangen kann,
- im Falle eines Insolvenzverfahrens des Käufers die Ware aus der Insolvenzmasse aussondern lassen kann,
- die Freigabe der Ware verlangen kann, falls sie gepfändet wurde.

Der Eigentumsvorbehalt erlischt, wenn

- der Kaufpreis durch den Käufer vollständig beglichen wurde,
- die Ware an einen gutgläubigen Dritten verkauft wurde,
- die Ware verbraucht, weiterverarbeitet oder vernichtet wurde.

3.21 Kaufvertragsstörungen

Werden die Verpflichtungen aus dem Kaufvertrag von einer der Vertragsparteien nicht erfüllt, kommt es zu Kaufvertragsstörungen.

Dabei wird zwischen folgenden Kaufvertragsstörungen unterschieden:

- Mangelhafte Lieferung
- Lieferungsverzug
- Annahmeverzug
- Zahlungsverzug

Eine **mangelhafte Lieferung** liegt vor, wenn die gelieferte Ware nicht die vereinbarte Beschaffenheit hat, eine falsche Ware oder eine zu geringe Menge geliefert wurde.
Die Rechte, die aus der mangelhaften Lieferung beim zweiseitigen Handelskauf geltend gemacht werden können, sind ausführlich in Lösung 2.16 und 2.17 beschrieben.

Liefert der Verkäufer auf die Mahnung des Käufers nicht, so gerät der Verkäufer durch die Mahnung mit einer Nachfristsetzung in den **Lieferungsverzug**. Es bedarf keiner Mahnung, wenn der Lieferzeitpunkt nach dem Kalender bestimmt ist (Fix- und Terminkauf) und wenn der Verkäufer die Lieferung verweigert.

Fortsetzung auf der nächsten Seite

© U-Form Verlag – Kopieren verboten!

3.21 Kaufvertragsstörungen

Fortsetzung

Der Käufer hat beim Lieferungsverzug eines zweiseitigen Handelskaufs folgende Rechte:

- Recht auf Lieferung, wenn er sofort auf Erfüllung des Kaufvertrags besteht,
- Recht auf Schadenersatz statt Leistung (z. B. für entgangenen Gewinn),
- Bei einem Deckungskauf hat der Käufer nur dann einen Ersatzanspruch, wenn er sofort nach Verstreichen des Liefertermins eine andere Ware erwirbt.
- Recht auf Rücktritt vom Vertrag

Der Käufer kommt in den **Annahmeverzug**, wenn er die vereinbarungsgemäß gelieferte Ware nicht annimmt.
Beim zweiseitigen Handelskauf kann der Verkäufer die Ware auf Gefahr und auf Kosten des Käufers lagern oder aber für den Verkauf der Ware sorgen (Selbsthilfeverkauf).
Beim Selbsthilfeverkauf kann der Verkäufer die Ware, nach Androhung und Angabe von Zeit und Ort, öffentlich versteigern lassen. Bei verderblicher Ware entfällt die Pflicht zur Androhung, der Verkäufer kann einen Notverkauf durchführen. Über das Ergebnis des Selbsthilfeverkaufs muss der Käufer allerdings unverzüglich informiert werden, da der Selbsthilfeverkauf auf Rechnung des Käufers erfolgt.

Zahlt der Käufer auch nach einer Mahnung mit einer Fristsetzung den geschuldeten Kaufbetrag nicht, kommt er in **Zahlungsverzug**. Der Käufer kommt spätestens nach Ablauf von 30 Tagen seit Zugang und Fälligkeit der Rechnung in Zahlungsverzug. Der Verkäufer hat beim Zahlungsverzug folgende Rechte:

- Recht auf Zahlung (ggf. mit Hilfe des Mahnbescheids)
- Recht auf Schadenersatz statt Leistung
- Recht auf Rücktritt vom Vertrag

a) Herr Scholz kauft zwischenzeitlich ein günstigeres Koffer-Set bei einem anderen Händler und verweigert daraufhin die Annahme der Lieferung.	3
b) Bei der Überprüfung des rechtzeitig angelieferten Koffer-Sets stellt Herr Scholz fest, dass die Vorderseite eines Koffers stark zerkratzt ist.	1
c) Nach der ordnungsgemäßen Lieferung der Ware zeigt die Überprüfung der Zahlungseingänge in der Buchhaltung der Firma Schuster am 18.08.2017, dass der vom Warenhaus Meyer zu überweisende Betrag noch nicht eingetroffen ist.	4
d) Die Firma Schuster liefert das Koffer-Set am 24.07.2017.	5
e) Herr Scholz mahnt am 27.07.2017 an, dass die Ware noch nicht geliefert wurde. Die Firma Schuster sagt die Lieferung bis zum 04.08.2017 zu. Der Auslieferungsdienst erhält das Koffer-Set erst am 07.08.2017.	2

©U-Form Verlag – Kopieren verboten!

3.22 Arbeitsgesetze

Die Arbeitsgesetze dienen dem Schutz der Arbeitnehmer vor einer Gefährdung ihrer Gesundheit oder einer Benachteiligung durch den Arbeitgeber.

Das **Jugendarbeitsschutzgesetz** (JArbSchG) gilt für alle Beschäftigten unter 18 Jahren und regelt u. a.

- das Verbot der Beschäftigung von Kindern (Personen unter 15 Jahren),
- das grundsätzliche Beschäftigungsverbot für die Zeit zwischen 20.00 Uhr und 6.00 Uhr,
- die Fünf-Tage-Woche,
- die Arbeitszeit, die in der Regel nicht mehr als 8 Stunden täglich und 40 Stunden wöchentlich betragen soll,
- die Pausenregelung,
- die Freistellung für die Teilnahme am Berufsschulunterricht und
- das Verbot von Akkord- und Fließbandarbeit.

Das **Berufsbildungsgesetz** (BBiG) regelt die Berufsausbildung einschließlich des Prüfungswesens und beinhaltet u. a.

- die Ziele der Berufsbildung,
- die Anerkennung des Ausbildungsberufes,
- die Ausbildungsordnung,
- die Anrechnung der Vorbildung auf die Berufsausbildungszeit,
- die Angaben zum Berufsausbildungsvertrag,
- die Rechte und Pflichten des Auszubildenden und
- Vorgaben zur Zeugniserstellung, Probezeit und Kündigung.

Das **Mutterschutzgesetz** (MuSchG) gilt für alle schwangeren Frauen und regelt, welche Vorschriften ein Arbeitgeber zum Schutz von Leben und Gesundheit der werdenden oder stillenden Mutter einhalten muss. Dazu gehören u. a.

- das Beschäftigungsverbot für die Zeit von sechs Wochen vor bis 8 Wochen nach der Geburt, es sei denn, dass sie sich zur Arbeitsleistung ausdrücklich bereit erklärt; die Erklärung kann jederzeit widerrufen werden.
- das Verbot schwerer körperlicher Arbeit, der Akkord- und Fließbandarbeit,
- das Verbot der Mehrarbeit, der Nachtarbeit und der Sonn- und Feiertagsarbeit,
- der Kündigungsschutz, der für die Zeit während der Schwangerschaft und für vier Monate danach gilt.

Die wichtigste Bestimmung des **Kündigungsschutzgesetzes** (KSchG) regelt, dass die Kündigung eines Arbeitnehmers, dessen Arbeitsverhältnis in demselben Unternehmen ohne Unterbrechung länger als sechs Monate bestanden hat, nur dann erfolgen darf, wenn sie sozial gerechtfertigt ist. Das bedeutet, dass die Kündigung unwirksam ist, wenn sie nicht

- durch Gründe, die in der Person oder dem Verhalten des Arbeitnehmers liegen oder
- durch dringende betriebliche Erfordernisse

bedingt ist.

Fortsetzung auf der nächsten Seite

© U-Form Verlag – Kopieren verboten!

3.22 Arbeitsgesetze

Fortsetzung

Außerdem gibt das Gesetz Auskunft über Personen, die einem besonderen Kündigungsschutz unterliegen. Dazu zählen u. a. Betriebsratsmitglieder und Jugend- und Auszubildendenvertreter.

Das **Betriebsverfassungsgesetz** (BetrVG) regelt die Beziehungen zwischen Arbeitgeber und den Arbeitnehmern eines Unternehmens. Es enthält u. a. Bestimmungen

- zur betrieblichen Mitbestimmung und Mitwirkung der Arbeitnehmer im Betriebsrat,
- zur Betriebsversammlung und
- zur Jugend- und Auszubildendenvertretung.

a) Ihre Teilzeitkraft, Frau Klein, ist schwanger und darf damit sechs Wochen vor der und acht Wochen nach der Entbindung nicht beschäftigt werden.	3
b) Herr Scholz ist seit vier Jahren Mitglied des Betriebsrates und genießt dadurch einen besonderen Schutz vor einer Entlassung.	4
c) Frau Schwarz möchte Einsicht in ihre Personalakte nehmen.	5
d) Sie vereinbaren mit der neuen Auszubildenden, Frau Wilms, eine viermonatige Probezeit.	2
e) Der 17-jährige Auszubildende, Herr Schuhmann, wird von Ihnen für die Teilnahme am Berufsschulunterricht freigestellt.	1

3.23 Stellenausschreibung

Die Auswahlantworten **1.**, **2.** und **4.** sind richtig. 1 2 4

Wird die Stelle öffentlich ausgeschrieben, sollte die Stellenausschreibung so gestaltet sein, dass sich möglichst nur geeignete Bewerber melden. Dies kann der Arbeitgeber durch eine genaue Beschreibung der Aufgaben und der Qualifikation, die er an den künftigen Mitarbeiter stellt, erreichen.
Durch die Stellenanzeige präsentiert sich das Unternehmen auch in der Öffentlichkeit. Daher versucht der Arbeitgeber sein Unternehmen in der Stellenausschreibung positiv darzustellen.

Wird innerhalb eines Unternehmens eine Arbeitsstelle neu besetzt, muss der Arbeitgeber laut Betriebsverfassungsgesetz den Betriebsrat darüber in Kenntnis setzen. Der Betriebsrat muss über alle Maßnahmen der Personalplanung unterrichtet werden und den Richtlinien über die personelle Auswahl bei Einstellungen, Versetzungen, Umgruppierungen und Kündigungen zustimmen.
Der Betriebsrat kann außerdem bei Stellenbesetzungen eine innerbetriebliche Stellenausschreibung verlangen.

©U-Form Verlag – Kopieren verboten!

3.24 Kündigungsfristen

Die Auswahlantwort **2.** ist richtig. 2

Da Frau Kurmann bereits seit sechs Jahren bei ihrem jetzigen Arbeitgeber beschäftigt ist, gilt für sie laut Manteltarifvertrag eine verlängerte Kündigungsfrist: Nach einer ununterbrochenen Beschäftigung im Betrieb von über 5 Jahren muss der Arbeitgeber eine Kündigungsfrist von 3 Monaten zum Ende des Kalendermonats einhalten.

Bei einer am 30.09.2017 ausgesprochenen Kündigung endet das Arbeitsverhältnis am 31.12.2017. Frau Kurmann kann ihre neue Arbeitsstelle also frühestens am 01.01.2018 antreten.

3.25 Tarifverträge

Der **Manteltarifvertrag** ist ein Rahmentarifvertrag, der die Arbeitsbedingungen für die Arbeitnehmer einer bestimmten Branche für einen Zeitraum von in der Regel drei bis fünf Jahren regelt. Zu den Vereinbarungen zählen Bestimmungen zu den Inhalten des Arbeitsvertrages, über die wöchentliche Arbeitszeit, Mehrarbeit, Sonn- und Feiertagsarbeit, Urlaubsansprüche und Kündigungsfristen, die über die gesetzlichen Regelungen hinausgehen.

Im **Lohn- und Gehaltstarifvertrag** wird die Höhe des Arbeitsentgeltes, gestaffelt nach Beschäftigungsgruppen und Beschäftigungsjahren, festgelegt. Die Laufzeit der Lohn- und Gehaltstarife beträgt in der Regel nur ein bis zwei Jahre.

Die **Betriebsvereinbarung** wird zwischen der Geschäftsführung und dem Betriebsrat getroffen und muss schriftlich niedergelegt werden. Die Vereinbarung enthält gegenseitige Rechte und Pflichten, die nicht in Tarifverträgen geregelt sind. Dazu zählen z. B. Beginn und Ende der täglichen Arbeitszeit, Pausenregelungen, Aufstellen betrieblicher Urlaubspläne, Einrichtung und Nutzen von Sozialeinrichtungen, freiwillige Sozialleistungen und Vorruhestandsregelungen. Die einzelnen Vereinbarungen können unterschiedliche Laufzeiten haben.

a) Betriebliche Vorruhestandsregelung	3
b) Urlaubsansprüche	1
c) Festzuschreibende Inhalte des Arbeitsvertrages	1
d) Eingruppierung in Beschäftigungsgruppe nach Berufsjahren	2
e) Freiwillige Sozialleistungen	3

 © U-Form Verlag – Kopieren verboten!

Information

Elektronische Gesundheitskarte

Die elektronische Gesundheitskarte ist der Nachweis für die Mitgliedschaft in einer gesetzlichen Krankenversicherung.

Die Karte verfügt über einen Mikroprozessorchip, der eine verschlüsselte Speicherung von Daten und zahlreiche Zusatzfunktionen ermöglicht.

Auf der Karte werden zurzeit die Basisdaten des Versicherten gespeichert. Dazu zählen folgende Angaben:

- Name, Geburtsdatum, Geschlecht und Anschrift
- Angaben zur Krankenversicherung (Versicherungs- und Versichertennummer)
- Versichertenstatus (Mitglied, Familienversicherter, Rentner)

Die Karte zeigt auf der Vorderseite ein Lichtbild, um die Zuordnung zum Karteninhaber zu verbessern und Missbrauch zu verhindern.

Künftig soll die Karte auch für das elektronische Empfangen und Einlösen einer Verordnung (eVerordnung) und die freiwillige Speicherung medizinischer Daten genutzt werden. Dazu zählen u. a. Daten für die Notfallversorgung, der elektronische Arztbrief und die elektronische Patientenakte (ePatientenakte).

Vorderseite

Rückseite

Kartengrafik: gematik GmbH

Die Rückseite der elektronischen Gesundheitskarte kann für die „Europäische Krankenversicherungskarte" verwendet werden und ermöglicht eine unbürokratische Behandlung innerhalb Europas.

3.26 Gehälter/Hierarchiestruktur

a) Frau Kurmann verfügt über eine zweijährige Berufsausbildung zur Verkäuferin und ist seit 6 Jahren als Verkäuferin bei ihrem bisherigen Arbeitgeber beschäftigt.

Nach Abschluss der Berufsausbildung wurde sie in das 2. Berufsjahr eingestuft. Durch die folgenden 6 Jahre Berufstätigkeit muss sie in die höchste Gehaltsstufe (6. Berufsjahr) eingestuft werden.

Das bedeutet, Frau Kurmann erhält ab 01.01.2018 ein Bruttogehalt von **2.528,00 €.**

€				ct	
2	5	2	8	0	0

b) In der Regel gilt für die Lohn- bzw. Gehaltsabrechnung folgendes Schema:

  Steuer- und sozialversicherungspflichtiges Bruttogehalt
– Lohnsteuer
– Solidaritätszuschlag
– Kirchensteuer
– Arbeitnehmeranteil zur Sozialversicherung
= Nettogehalt

Berechnung des Arbeitnehmeranteils zur Sozialversicherung:

Die Sozialversicherungsbeiträge werden als Prozentsatz vom Bruttogehalt erhoben.

Arbeitnehmeranteil zur Rentenversicherung:

$$\frac{\text{Bruttogehalt} \cdot \text{Rentenversicherungssatz}}{100\ \%} = \frac{2.528{,}00\ € \cdot 9{,}30\ \%}{100\ \%} = 235{,}10\ €$$

Arbeitnehmeranteil zur Arbeitslosenversicherung:

$$\frac{\text{Bruttogehalt} \cdot \text{Arbeitslosenversicherungssatz}}{100\ \%} = \frac{2.528{,}00\ € \cdot 1{,}50\ \%}{100\ \%} = 37{,}92\ €$$

Arbeitnehmeranteil zur Krankenversicherung:

$$\frac{\text{Bruttogehalt} \cdot \text{Krankenversicherungssatz}}{100\ \%} = \frac{2.528{,}00\ € \cdot 7{,}30\ \%}{100\ \%} = 184{,}54\ €$$

Arbeitnehmeranteil zur Pflegeversicherung = 38,55 €

Gesamtanteil zur Sozialversicherung = 496,11 €

Die Summe aller Sozialversicherungsbeiträge ergibt den Arbeitnehmeranteil zur Sozialversicherung in Höhe von 496,11 €.

Fortsetzung auf der nächsten Seite

© U-Form Verlag – Kopieren verboten!

3.26 Gehälter/Hierarchiestruktur

Fortsetzung

b) **Berechnung des Nettogehaltes**

	steuer- und sozialversicherungspflichtiges Bruttogehalt	2.528,00 €
–	Lohnsteuer	306,16 €
–	Solidaritätszuschlag	16,83 €
–	Kirchensteuer	27,55 €
–	Arbeitnehmeranteil zur Sozialversicherung	496,11 €
=	**Nettogehalt**	**1.681,35 €**

€ , ct
1 6 8 1 | 3 5

Das Nettogehalt beträgt 1.681,35 €.

c) Die Auswahlantworten **1.**, **4.** und **5.** sind richtig. 1 4 5

Folgende Arbeitspapiere bzw. Daten sind von Frau Kurmann vor Arbeitsbeginn der Personalabteilung auszuhändigen bzw. vorzulegen:

- persönliche Steueridentifikationsnummer
- Sozialversicherungsausweis
- Mitgliedsbescheinigung der Krankenversicherung, in der Frau Kurmann versichert ist
- ggf. Schwerbehindertenausweis
- Arbeitserlaubnis bei Mitarbeitern aus Nicht-EU-Ländern bzw. Arbeits- und Aufenthaltserlaubnis bei ausländischen Arbeitnehmern
- Urlaubsbescheinigung des früheren Arbeitgebers
- Bankverbindung

d) Die Hierarchiestruktur des Warenhauses Meyer sieht wie folgt aus:

Geschäftsführer/Geschäftsführerin	1
Erstverkäufer/Erstverkäuferin	4
Verkäufer/Verkäuferin	5
Substitut/Substitutin	3
Abteilungsleiter/Abteilungsleiterin	2

©U-Form Verlag – Kopieren verboten!

3.27 Sozialversicherung

Die Sozialversicherungen stellen den Kern unseres Sozialsystems dar und bieten als Solidargemeinschaft wirksamen finanziellen Schutz vor den Folgen durch Krankheit, Arbeitslosigkeit, Alter, Pflegebedürftigkeit und Betriebsunfällen.

Die Sozialversicherung besteht aus fünf Zweigen:

Sozialversicherung			
	Krankenversicherung	Träger: Krankenkassen	14,6 % (AG 7,3 % / AN 7,3 %)
	Pflegeversicherung	Träger: Pflegekassen der Krankenkassen	2,55 %* (AG 1,275 % / AN 1,275 %)
	Arbeitslosenversicherung	Träger: Bundesagentur für Arbeit	3,0 % (AG 1,5 % / AN 1,5 %)
	Rentenversicherung	Träger: Deutsche Rentenversicherung Bund	18,6 % (AG 9,30 % / AN 9,30 %)
	Unfallversicherung	Träger: Berufsgenossenschaften	Beiträge der Unternehmen

Stand: November 2017

Die Beiträge zur Sozialversicherung werden gesetzlich festgelegt und auf der Grundlage des Bruttolohns bzw. -gehaltes der Arbeitnehmer berechnet.

Krankenversicherung

Der Beitragssatz zur Krankenversicherung beträgt zurzeit 14,6 % vom Bruttolohn bzw. -gehalt.

Dieser Beitragssatz wird jeweils mit einem Anteil von 7,3 % vom Arbeitgeber und vom Arbeitnehmer getragen. Die Krankenkassen sind jedoch seit dem 01. Januar 2015 berechtigt, einen Zusatzbeitrag vom Arbeitnehmer zu erheben, wenn das Beitragsaufkommen die Kosten nicht deckt.

Zu den Leistungen der Krankenversicherung zählen u. a.:

- Krankenhilfe für die ambulante und stationäre Behandlung von Krankheiten und Arzneimittel
- Krankengeld für den Entgeltausfall bei längerer Krankheit (zeitlich begrenzt)
- Gesundheitsvorsorge
- Familienhilfe für Angehörige im Rahmen der Familienversicherung

Pflegeversicherung*

Der Beitragssatz zur Pflegeversicherung beträgt 2,55 %. Dieser Beitrag wird ebenfalls paritätisch vom Arbeitnehmer und Arbeitgeber aufgebracht. Allerdings müssen Versicherte und Rentner, die keine Kinder haben, einen um 0,25 Prozentpunkte erhöhten Beitrag tragen.

Von der Erhebung dieses Beitragszuschlags ausgenommen sind Personen bis zur Vollendung des 23. Lebensjahres und Personen, die vor dem 1. Januar 1940 geboren sind.

Im Bundesland Sachsen tragen die Arbeitnehmer einen höheren Anteil von zurzeit 1,775 % des Beitragssatzes, da hier – im Gegensatz zu den anderen Bundesländern – kein Feiertag zur Finanzierung der Pflegeversicherung gestrichen wurde.

Die Pflegeversicherung bietet Leistungen bei Pflegebedürftigkeit. Dazu zählen:

- Leistungen bei häuslicher Pflege (z. B. Pflegesachleistungen, Pflegehilfsmittel)
- Kostenübernahme bei vollständiger Pflege
- Kostenübernahme bei Kurzzeitpflege

Fortsetzung auf der nächsten Seite

© U-Form Verlag – Kopieren verboten!

3.27 Sozialversicherung

Fortsetzung

Der Umfang der Sachleistungen und die Höhe des Pflegegeldes richten sich jeweils nach der Pflegestufe und der Pflegebedürftigkeit.

Rentenversicherung

Die Rentenversicherung wird durch Beiträge finanziert, die ebenfalls zur Hälfte von Arbeitnehmer und Arbeitgeber bezahlt werden. Der Beitragssatz beträgt zurzeit 18,6 %.

Die Leistungen der Rentenversicherung sind u. a.:
- das Altersruhegeld
- Rentenzahlung bei Erwerbsminderung
- Kostenübernahme zur Verbesserung der Erwerbsfähigkeit
- Hinterbliebenenrente (z. B. als Witwen- oder Waisenrente)

Arbeitslosenversicherung

Die Arbeitslosenversicherung finanziert sich durch die Beiträge, die jeweils zur Hälfte von Arbeitgeber und Arbeitnehmer getragen werden. Der Beitragssatz zur Arbeitslosenversicherung beträgt derzeit 3,0 %.

Die Arbeitslosenversicherung leistet:
- für einen festgelegten Zeitraum Arbeitslosengeld bei Arbeitslosigkeit
- Kurzarbeiter- und Winterausfallgeld
- Beiträge zur Krankenversicherung des Arbeitslosen
- Arbeitsvermittlung
- Berufsberatung und Bewerbungstraining
- Umschulungsmaßnahmen
- berufliche Qualifikationsmaßnahmen

Unfallversicherung

Die Unfallversicherung wird von den Berufsgenossenschaften getragen und finanziert sich ausschließlich aus den Beiträgen der Mitgliedsunternehmen.

Die Unfallversicherung bietet:
- Krankenhilfe bei Arbeits- und Wegeunfällen sowie Berufskrankheiten
- Unfall- und Verletztenrente
- Hilfen bei notwendigen Umschulungen
- Aufwendungen zur Unfallverhütung
- Hinterbliebenenrenten

a) **Die Berufsgenossenschaft** zahlt das Verletztengeld aufgrund eines Arbeitsunfalls.	3
b) **Die Bundesagentur für Arbeit** zahlt das Arbeitslosengeld nach einer betriebsbedingten Kündigung.	2
c) **Die gesetzliche Krankenkasse** zahlt die ärztlichen Behandlungskosten nach einem Beinbruch.	1
d) **Die Pflegekasse** zahlt Zuschüsse zur pflegegerechten Gestaltung des Wohnumfeldes.	5
e) **Die Deutsche Rentenversicherung** zahlt die Regelaltersrente ab Erreichen der Regelaltersgrenze.	4

©U-Form Verlag – Kopieren verboten!

3.28 Arbeitszeitregelung

Die Auswahlantwort **5.** ist richtig. 5

Die Betriebsvereinbarung wird zwischen einem Arbeitgeber und dem Betriebsrat getroffen und enthält gegenseitige Rechte und Pflichten, die nicht bereits in Tarifverträgen verankert sind.
Die Betriebsvereinbarung dient damit ausschließlich zur Regelung der innerbetrieblichen Ordnung und innerbetrieblicher Angelegenheiten.

Dazu zählen beispielsweise folgende Regelungen:

- Beginn und Ende der täglichen Arbeitszeit
- betriebliche Arbeitszeitmodell
- betriebliche Urlaubspläne
- zusätzliche Sozialleistungen
- Vorruhestandsregelungen
- Betriebsrenten

3.29 Jugendarbeitsschutzgesetz

Die Auswahlantwort **3.** verstößt gegen die Bestimmungen des Jugendarbeitsschutzgesetzes. 3

Der 16-jährige Auszubildende darf, bei zwei Berufsschultagen mit je sechs Unterrichtsstunden in der Woche, nur an einem Nachmittag in der Woche beschäftigt werden.

Das **Jugendarbeitsschutzgesetz (JArbSchG)** gilt für die Beschäftigung von Personen, die noch nicht 18 Jahre alt sind. Kind im Sinne des Gesetzes ist, wer noch nicht 15 Jahre alt ist, Jugendlicher ist, wer 15 Jahre, aber noch nicht 18 Jahre alt ist (§ 1-2).

Das Jugendarbeitsschutzgesetz regelt u.a. die Dauer der Arbeitszeit, den Berufsschulbesuch, die Freizeit und die Ruhepausen.

Jugendliche dürfen nicht mehr als acht Stunden täglich und nicht mehr als 40 Stunden wöchentlich beschäftigt werden (§ 8).

Außerdem hat der Arbeitgeber den Jugendlichen für die Teilnahme am Berufsschulunterricht freizustellen.

Er darf den Jugendlichen nicht beschäftigen:

- vor einem vor 9.00 Uhr beginnenden Unterricht.
  Diese Regelung gilt auch für Personen, die über 18 Jahre alt und noch berufsschulpflichtig sind.
- an einem Berufsschultag mit mehr als fünf Unterrichtsstunden von mindestens je 45 Minuten Dauer, einmal in der Woche
- in Berufsschulwochen mit einem planmäßigen Blockunterricht von mindestens 25 Stunden an mindestens fünf Tagen; zusätzliche betriebliche Ausbildungsveranstaltungen bis zu zwei Stunden wöchentlich sind zulässig (§ 9).

Fortsetzung auf der nächsten Seite

 © U-Form Verlag – Kopieren verboten!

3.29 Jugendarbeitsschutzgesetz

Fortsetzung

Den Jugendlichen müssen im Voraus feststehende Ruhepausen von angemessener Dauer gewährt werden.

Die Pausen müssen mindestens betragen:

- 30 Minuten bei einer Arbeitszeit von mehr als viereinhalb bis zu sechs Stunden,
- 60 Minuten bei einer Arbeitszeit von mehr als sechs Stunden.

Als Ruhepause gilt nur eine Arbeitsunterbrechung von mindestens 15 Minuten.
Die Pause darf frühestens eine Stunde nach Beginn und spätestens eine Stunde vor Ende der Arbeitszeit liegen. Länger als viereinhalb Stunden hintereinander dürfen Jugendliche nicht ohne Ruhepause beschäftigt werden (§ 11).

3.30 Jugendarbeitsschutzgesetz

Die Auswahlantwort **1.** ist richtig. 1

Nach § 10 des Jugendarbeitsschutzgesetzes ist der Arbeitgeber nicht nur verpflichtet, den Auszubildenden für die Teilnahme an Prüfungen freizustellen, sondern auch an dem Arbeitstag, der der schriftlichen Abschlussprüfung unmittelbar vorangeht.

3.31 Berufsbildungsgesetz

a) Die Auswahlantwort **3.** ist richtig. 3

Laut Manteltarifvertrag sollen sich Arbeitgeber und Auszubildender spätestens drei Monate vor dem vertraglichen Ende der Ausbildungszeit über die Fortsetzung oder Beendigung des Berufsausbildungsverhältnisses schriftlich erklären.
Versäumt der Arbeitgeber diese Frist, entsteht ein unbefristetes Arbeitsverhältnis.
Möchte der Arbeitgeber den Auszubildenden nach der Abschlussprüfung nicht übernehmen, muss er zunächst den Betriebsrat über die Gründe der Nichtübernahme informieren. Wurde die Mitteilung an den Auszubildenden über die Nichtübernahme ohne vorherige Anhörung des Betriebsrates gegeben, ist sie unwirksam.

b) Die Auswahlantwort **3.** ist richtig 3

Vorschriften zur Beendigung des Berufsausbildungsverhältnisses sind in § 21 des Berufsbildungsgesetzes (BBiG) geregelt.
Hier heißt es: „Das Berufsausbildungsverhältnis endet mit dem Ablauf der Ausbildungszeit. Im Falle der Stufenausbildung endet es mit dem Ablauf der letzten Stufe.
Bestehen Auszubildende vor Ablauf der Ausbildungszeit die Abschlussprüfung, so endet das Berufsausbildungsverhältnis mit Bekanntgabe des Ergebnisses durch den Prüfungsausschuss.
Bestehen Auszubildende die Abschlussprüfung nicht, so verlängert sich das Berufsausbildungsverhältnis auf ihr Verlangen bis zur nächstmöglichen Wiederholungsprüfung, höchstens um ein Jahr."

Herr Möller legt die mündliche Abschlussprüfung am 19.06.2017 ab. Damit kann er – bei Bestehen der Prüfung – frühestens am 20.06.2017 die Arbeitsstelle bei dem neuen Arbeitgeber antreten.

©U-Form Verlag – Kopieren verboten!

3.32 Berufsausbildung

Bei der Auswahl und der Einstellung von Auszubildenden gehen Sie folgendermaßen vor:

Chronologische Reihenfolge:

1. Sie melden dem Arbeitsamt die offenen Ausbildungsplätze und bitten um die Vermittlung geeigneter Bewerber.

2. Sie sichten alle vorliegenden Bewerbungsunterlagen und treffen eine erste Auswahl.

3. Sie laden die ausgewählten Bewerber zum Vorstellungsgespräch ein.

4. Sie wählen aufgrund der Bewerbungsunterlagen und Ihrem Eindruck aus den Vorstellungsgesprächen, sechs geeignete Bewerber aus und bieten ihnen einen Berufsausbildungsvertrag an.

5. Sie erstellen die Berufsausbildungsverträge und geben sie an die IHK mit der Bitte um Eintrag in das Verzeichnis der Berufsausbildungsverhältnisse weiter.

a) Sie erstellen die Berufsausbildungsverträge und geben sie an die IHK mit der Bitte um Eintrag in das Verzeichnis der Berufsausbildungsverhältnisse weiter.	5
b) Sie laden die ausgewählten Bewerber zum Vorstellungsgespräch ein.	3
c) Sie sichten alle vorliegenden Bewerbungsunterlagen und treffen eine erste Auswahl.	2
d) Sie melden dem Arbeitsamt die offenen Ausbildungsplätze und bitten um die Vermittlung geeigneter Bewerber.	1
e) Sie wählen aufgrund der Bewerbungsunterlagen und Ihrem Eindruck aus den Vorstellungsgesprächen, sechs geeignete Bewerber aus und bieten ihnen einen Berufsausbildungsvertrag an.	4

3.33 Berufsausbildung

Auswahlantwort **1.**, **3.** und **5.** sind richtig. 1 3 5

Das Berufsbildungsgesetz schreibt in § 11 vor, dass der Ausbildende unverzüglich nach Abschluss des Berufsausbildungsvertrages, spätestens vor Beginn der Berufsausbildung, den wesentlichen Inhalt des Vertrages schriftlich niederlegen muss.

Dazu zählen:

1. Art, sachliche und zeitliche Gliederung sowie Ziel der Berufsausbildung
2. Beginn und Dauer der Berufsausbildung
3. Ausbildungsmaßnahmen außerhalb der Ausbildungsstätte
4. Dauer der regelmäßigen täglichen Ausbildungszeit
5. Dauer der Probezeit
6. Zahlung und Höhe der Ausbildungsvergütung
7. Dauer des Urlaubs
8. Voraussetzungen, unter denen der Berufsausbildungsvertrag gekündigt werden kann
9. ein in allgemeiner Form gehaltener Hinweis auf die Tarifverträge, Betriebs- oder Dienstvereinbarungen, die auf das Berufsausbildungsverhältnis anzuwenden sind.

Der Berufsausbildungsvertrag ist vom Ausbildenden, dem Auszubildenden und dessen gesetzlichen Vertreter zu unterzeichnen.

 © U-Form Verlag – Kopieren verboten!

3.34 Berufsausbildungsvertrag

Die Auswahlantworten **1.**, **3.** und **5.** sind richtig. 1 3 5

Das Jugendarbeitsschutzgesetz (JArbSchG) enthält Schutzvorschriften für alle Jugendlichen unter 18 Jahren, die in einem Ausbildungs- und Arbeitsverhältnis stehen. Ziel ist es, die Jugendlichen vor einer Gefährdung ihrer Gesundheit oder der Störung ihrer Entwicklung zu schützen.

Jeder Arbeitgeber ist verpflichtet, die Vorschriften dieses Gesetzes zu beachten.

Bei der Vertragsniederschrift müssen u. a. folgende Regelungen des JArbSchG berücksichtigt werden: Die Dauer der täglichen Arbeitszeit, Urlaubsansprüche und Vorschriften zu notwendigen ärztlichen Untersuchungen.

3.35 Berufsausbildungsvertrag

a) Die Auswahlantwort **3.** ist richtig. 3

Im Feld E wird die vom Ausbildenden zu zahlende Ausbildungsvergütung eingetragen.
Die Ausbildungsvergütung muss laut Berufsbildungsgesetz (§ 17) angemessen sein und ist nach dem Lebensalter der Auszubildenden so zu bemessen, dass sie mit fortschreitender Berufsausbildung, mindestens aber jährlich, steigt.

b) Die Auswahlantwort **4.** ist richtig. 4

Der Berufsausbildungsvertrag ist noch von den Vertragspartnern zu unterzeichen.

Der Berufsausbildungsvertrag muss laut Berufsbildungsgesetz § 11 vom Ausbildenden (hier: der Geschäftsführer für das ausbildende Unternehmen), dem Auszubildenden und dessen gesetzlichen Vertretern unterzeichnet werden.

Dem Auszubildenden und dessen gesetzlichen Vertretern ist unverzüglich eine unterzeichnete Ausfertigung des Berufsausbildungsvertrages auszuhändigen.

©U-Form Verlag – Kopieren verboten!

3.36 Ausbildungsinhalte

Nach § 5 (1) des Berufsbildungsgesetzes hat die **Ausbildungsordnung** festzulegen:

1. Die Bezeichnung des Ausbildungsberufes, der anerkannt wird,
2. die Ausbildungsdauer, die nicht mehr als drei und nicht weniger als zwei Jahre betragen soll,
3. die beruflichen Fertigkeiten, Kenntnisse und Fähigkeiten, die mindestens Gegenstand der Berufsausbildung sind **(Ausbildungsberufsbild)**,
4. eine Anleitung zur sachlichen und zeitlichen Gliederung der Vermittlung der beruflichen Fertigkeiten, Kenntnisse und Fähigkeiten **(Ausbildungsrahmenplan)**,
5. die Prüfungsanforderungen.

In § 5 (2) sieht die Ausbildungsordnung einige Kann-Bestimmungen zur Stufenausbildung, zur Anrechnung von Ausbildungszeiten, zur Abschlussprüfung, zur Vermittlung zusätzlicher beruflicher Fertigkeiten, Kenntnisse und Fähigkeiten und zur Führung eines schriftlichen Ausbildungsnachweises vor.

a) … beinhaltet ausschließlich die Fertigkeiten und Kenntnisse, die Gegenstand der Berufsausbildung sind.	2
b) … enthält die Rechte und Pflichten des Auszubildenden.	4
c) … muss vor Beginn der Berufsausbildung schriftlich niedergelegt werden.	4
d) … enthält das Ausbildungsberufsbild, den Ausbildungsrahmenplan, Angaben zur Ausbildungsdauer und zur Zwischen- und Abschlussprüfung.	1
e) … regelt die sachliche und zeitliche Gliederung der Berufsausbildung.	3

3.37 Voraussetzung der Berufsausbildung

Die Auswahlantworten **1.**, **2.** und **4.** sind richtig. 1 2 4

Das Berufsbildungsgesetz (BBiG) regelt in den §§ 27 – 30, welche Voraussetzungen erfüllt sein müssen, damit ein Unternehmen ausbilden darf. Auszubildende dürfen nach dem BBiG nur dann eingestellt und ausgebildet werden, wenn die Ausbildungsstätte nach Art, Umfang und Einrichtung für die Berufsausbildung geeignet ist und die Zahl der Auszubildenden in einem angemessenen Verhältnis zur Zahl der Ausbildungsplätze oder zur Zahl der beschäftigten Fachkräfte steht.

Kann der Ausbildungsbetrieb die erforderlichen beruflichen Ausbildungsinhalte nicht in vollem Umfang vermitteln, gilt er nur dann als geeignet, wenn diese durch Ausbildungsmaßnahmen außerhalb der Ausbildungsstätte vermittelt werden können.

Nach dem Gesetz darf **Auszubildende nur derjenige einstellen, der persönlich geeignet ist.** Auszubildende **ausbilden hingegen darf** nur, **wer persönlich und fachlich geeignet ist.** Das heißt, wer Auszubildende einstellt, aber nicht über die fachliche Qualifikation verfügt, muss einen persönlich und fachlich geeigneten Ausbilder bestellen.

Fachlich geeignet ist der Ausbilder, wenn er die beruflichen sowie die berufs- und arbeitspädagogischen Fertigkeiten, Kenntnisse und Fähigkeiten besitzt, die für die Vermittlung der Ausbildungsinhalte erforderlich sind.

Diese gesetzlichen Vorschriften dürfen nicht durch vertragliche Vereinbarungen mit dem Auszubildenden oder dessen gesetzlichen Vertretern außer Kraft gesetzt werden.

 © U-Form Verlag – Kopieren verboten!

3.38 Pflichten des Ausbildenden

Die Auswahlantworten **1.**, **3.** und **5.** sind richtig. 1 3 5

Mit dem Abschluss eines Ausbildungsvertrages gehen Ausbildender und Auszubildender Pflichten ein.

Der **Ausbildende**

- muss dafür sorgen, dass die Ausbildung entsprechend dem Ausbildungsziel erfolgt.
- muss, wenn er nicht selbst ausbildet, einen geeigneten Ausbilder mit der Ausbildung beauftragen.
- muss kostenlos Ausbildungsmittel bereitstellen.
- muss den Auszubildenden für die Teilnahme am Berufsschulunterricht freistellen und zum Führen von Ausbildungsnachweisen anhalten, soweit solche im Rahmen der Berufsausbildung verlangt werden.
- muss dafür sorgen, dass der Auszubildende charakterlich gefördert sowie körperlich nicht gefährdet wird.
- darf dem Auszubildenden nur Aufgaben übertragen, die dem Ausbildungszweck dienen.
- muss dem Auszubildenden eine angemessene Vergütung zahlen und Urlaub gewähren.
- muss den Auszubildenden rechtzeitig zur Zwischen- und Abschlussprüfung anmelden.
- muss dem Auszubildenden bei Beendigung des Berufsausbildungsverhältnisses ein Zeugnis ausstellen (§§ 14 – 17 BBiG).

Der **Auszubildende** muss

- sich darum bemühen, die Fertigkeiten und Kenntnisse zu erwerben, die zum Erreichen des Ausbildungsziels erforderlich sind.
- die im Rahmen seiner Ausbildung aufgetragenen Arbeiten sorgfältig ausführen und den Anweisungen der weisungsbefugten Personen folgen.
- die Ausbildungsmittel und sonstige Einrichtungen sorgfältig behandeln.
- die geltende Betriebsordnung beachten und über Betriebs- und Geschäftsgeheimnisse Stillschweigen bewahren.
- einen Ausbildungsnachweis führen, soweit dies im Rahmen der Ausbildung verlangt wird.
- die Berufsschule besuchen und an außerbetrieblichen Ausbildungsmaßnahmen teilnehmen (§ 13 BBiG).

©U-Form Verlag – Kopieren verboten!

3.39 Berufsschulpflicht

3

Die Auswahlantwort **3.** ist richtig.

Mit der Beendigung der Vollzeitschulpflicht beginnt die Berufsschulpflicht. Sie kann in allen Bundesländern entweder durch den Besuch der Berufsschule im Rahmen einer Berufsausbildung oder den Besuch einer weiteren Schule wie z. B. die kaufmännische Handelsschule oder die gymnasiale Oberstufe erfüllt werden. Die detaillierten Regelungen sind in den Schulgesetzen der einzelnen Bundesländer geregelt.

Laut § 9 des Jugendarbeitsschutzgesetzes hat der Arbeitgeber den Jugendlichen für die Teilnahme am Berufsschulunterricht freizustellen.

Dabei muss er folgende Vorschriften berücksichtigen:

- Der Jugendliche darf nicht vor einem vor 9 Uhr beginnenden Unterricht beschäftigt werden. Dies gilt auch für Personen, die über 18 Jahre alt und berufsschulpflichtig sind.
- Der Jugendliche darf an **einem** Berufsschultag in der Woche mit mehr als fünf Unterrichtsstunden von mindestens 45 Minuten nicht mehr beschäftigt werden.
- Der Jugendliche darf in Berufsschulwochen mit einem planmäßigen Blockunterricht von mindestens 25 Stunden an mindestens fünf Tagen nicht mehr beschäftigt werden; zusätzliche betriebliche Ausbildungsveranstaltungen bis zu zwei Stunden wöchentlich sind zulässig.

 © U-Form Verlag – Kopieren verboten!

3.40 Tarifrecht

Bei den Tarifverhandlungen möchten die Arbeitnehmerverbände (Gewerkschaften) die sozialen und wirtschaftlichen Lebensbedingungen, wie Arbeitsentgelt, Arbeitszeit und Arbeitsbedingungen der Arbeitnehmer verbessern. Die Arbeitgeberverbände dagegen nehmen die sozialpolitischen und arbeitsrechtlichen Interessen ihrer Mitglieder wahr.

Die **Tarifparteien**, d. h. die Arbeitnehmer- und Arbeitgeberverbände, haben das Recht, durch freie Verhandlungen, ohne Einmischung durch staatliche Stellen, Tarifverträge auszuhandeln **(Tarifautonomie).**

Ziel der Verhandlung ist der Abschluss eines für beide Seiten tragbaren Tarifvertrages, der die Arbeitsbedingungen (Manteltarifvertrag) und die Höhe der Löhne und Gehälter (Lohn- und Gehaltstarifvertrag) beinhaltet.

Grundsätzlich gelten die Bestimmungen des Tarifvertrages nur für die beteiligten Mitglieder der Tarifparteien. Durch das Bundesministerium für Wirtschaft und Arbeit kann eine **Allgemeinverbindlichkeitserklärung** erlassen werden, wodurch alle Arbeitgeber einer Branche an den Tarifvertrag gebunden sind. Tarifverträge werden immer nur für einen bestimmten Zeitraum festgelegt.

Während der Laufzeit eines Tarifvertrages dürfen die Gewerkschaften nicht streiken lassen und die Arbeitgeber nicht aussperren. Es herrscht **Friedenspflicht**.

a) Durch den Bundesminister für Arbeit und Soziales wird erklärt, dass der Tarifvertrag auch für nicht organisierte Arbeitnehmer und Arbeitgeber gilt.	2
b) Das Grundgesetz gewährleistet, dass die Bundesregierung die Tarifverhandlungen nicht beeinflussen darf.	3
c) Während der Laufzeit des Tarifvertrages dürfen die Arbeitnehmer nicht streiken.	4
d) Die Vereinbarung enthält u. a. Angaben zur Wochenarbeitszeit und zu Urlaubsansprüchen der Arbeitnehmer.	1
e) Bezeichnung für die Verbände der Arbeitnehmer und der Arbeitgeber.	5

©U-Form Verlag – Kopieren verboten!

3.41 Tarifrecht

Zur Beilegung von Streitigkeiten zwischen Gewerkschaften und Arbeitgebern bzw. Arbeitgeberverbänden bei Tarifverhandlungen gibt es das **Schlichtungsverfahren**. An dem Verfahren nehmen die gleiche Anzahl Gewerkschafts- und Arbeitgebervertreter teil. Dabei versucht ein unparteiischer Schlichter zwischen den Parteien zu vermitteln und einen tragbaren Kompromiss zu finden. Erst wenn die Vermittlungsbemühungen scheitern, kommt es zum Arbeitskampf.

Das Arbeitskampfmittel der Gewerkschaften ist der Streik.

Nach der Urabstimmung, bei der mindestens 75 Prozent der befragten Gewerkschaftsmitglieder einem Arbeitskampf zustimmen müssen, kann gestreikt werden.

Unter Streik versteht man die gemeinsame, vorübergehende Arbeitsniederlegung der gewerkschaftlich organisierten Arbeitnehmer eines Betriebes. Er ist ein zulässiges Arbeitskampfmittel der Gewerkschaft zur Durchsetzung ihrer arbeitsrechtlichen Forderungen.

Während des Streiks ist der Arbeitgeber nicht zur Vergütung verpflichtet. Die Gewerkschaft zahlt ihren Mitgliedern in dieser Zeit ein Streikgeld.

Um den Streik zu beenden und den Kompromissvorschlag, der verhandelt wurde, anzunehmen, müssen 25 Prozent der befragten Gewerkschaftsmitglieder zustimmen.

Das Arbeitskampfmittel des Arbeitgebers bzw. der Arbeitgeberverbände ist die Aussperrung.

Bei der Aussperrung wird der Arbeitnehmer durch den Arbeitgeber planmäßig von der Arbeit ausgeschlossen. Das Arbeitsverhältnis ruht für diesen Zeitraum, das bedeutet, die Rechte und Pflichten aus dem Arbeitsverhältnis gelten für diesen Zeitraum nicht mehr.

Die Aussperrung darf nur als Reaktion auf einen Streik oder bei Gefahr eines Streiks erfolgen. Eine Aussperrung als Verhinderung eines Streiks ist rechtlich unzulässig.

Nach der Aussperrung wird das Arbeitsverhältnis fortgesetzt. Kündigungen oder andere arbeitsrechtliche Folgen wegen Streikes oder Aussperrung sind nicht zulässig.

a) An dem Verfahren nehmen die gleiche Anzahl Gewerkschafts- und Arbeitgebervertreter teil.	1
b) Das Verfahren wird von einem unparteiischen Vorsitzenden geleitet.	1
c) 75 % der Mitglieder müssen der Arbeitskampfmaßnahme zustimmen.	2
d) Allen Arbeitnehmern wird die Möglichkeit zu arbeiten verwehrt.	3
e) Die Zustimmung zu dieser Arbeitskampfmaßnahme wird durch die Urabstimmung festgestellt.	2

© U-Form Verlag – Kopieren verboten!

3.42 Betriebsratswahlen

Die Auswahlantwort **4.** ist richtig. 4

Das Betriebsverfassungsgesetz bildet die Grundlage für die Zusammenarbeit zwischen Geschäftsführung und Betriebsrat. Es regelt insbesondere die Mitwirkung und Mitbestimmung des Betriebsrates in vielen betrieblichen Angelegenheiten.

Die Zusammensetzung und die Wahl des Betriebsrates ist in den §§ 7 – 20 des Betriebsverfassungsgesetzes festgelegt.

3.43 Betriebsrat

a) Der Betriebsrat wird auf Verlangen der Arbeitnehmer in Betrieben mit mindestens fünf ständig wahlberechtigten Beschäftigten, von denen drei wählbar sind, gewählt.
Wählbar sind alle Wahlberechtigten, die dem Betrieb seit sechs Monaten angehören.

Das Betriebsverfassungsgesetz räumt dem Betriebsrat verschiedene Rechte ein.

Der Betriebsrat hat ein **Mitbestimmungsrecht**, das heißt, dass Entscheidungen des Arbeitgebers grundsätzlich erst mit der Zustimmung des Betriebsrates wirksam werden.
Der Betriebsrat hat, soweit keine gesetzliche oder tarifliche Regelung besteht, ein Mitbestimmungsrecht in sozialen Angelegenheiten. Dazu zählen u. a.:

- Beginn und Ende der täglichen Arbeitszeit einschließlich der Pausen,
- Zeit, Ort und Art der Auszahlung der Arbeitsentgelte,
- Aufstellen von betrieblichen Urlaubsplänen,
- Regelungen über die Verhütung von Arbeitsunfällen und Berufskrankheiten,
- personelle Angelegenheiten wie Einstellungen, Versetzungen, Umgruppierungen und Kündigungen.

Ein **Mitwirkungsrecht** hat der Betriebsrat in wirtschaftlichen Angelegenheiten.
Dazu zählen u. a.:

- Rationalisierungsmaßnahmen,
- betriebliche Erweiterungen, Einschränkungen oder Stilllegungen von Betrieben oder Betriebsteilen.

Mitwirkung bedeutet, dass der Betriebsrat informiert und angehört werden muss und Vorschläge unterbreiten darf. Die Entscheidung der Unternehmensleitung ist allerdings nicht von der Zustimmung des Betriebsrates abhängig, sondern ausschließlich von dessen vorheriger Unterrichtung.

Im Bereich der Arbeitsplatzgestaltung, der Arbeitsabläufe und der Arbeitsumgebung hat der Betriebsrat ein **Unterrichtungs- und Beratungsrecht**. Der Arbeitgeber hat den Betriebsrat über die Planung von

- Neu-, Um und Erweiterungsbauten von Fabrikations-, Verwaltungs- und sonstigen betrieblichen Räumen,
- technischen Anlagen und
- Arbeitsverfahren und Arbeitsabläufen

rechtzeitig unter Vorlage der entsprechenden Unterlagen zu unterrichten.

Fortsetzung auf der nächsten Seite

©U-Form Verlag – Kopieren verboten!

3.43 Betriebsrat

Fortsetzung

aa) Die Festlegung der täglichen Arbeitszeit einschließlich der Pausen	1
ab) Planung der Umbaumaßnahmen im Warenhaus Meyer	3
ac) Stilllegung eines Betriebsteils	2
ad) Kündigung einer Mitarbeiterin	1
ae) Festlegung von Zeit, Ort und Art der Entgeltauszahlung	1

b) Die Auswahlantwort **3.** ist richtig. 3

Die Festlegung der Unternehmensziele gehört nicht zu den Aufgaben des Betriebsrates.

Der Betriebsrat übernimmt folgende allgemeine Aufgaben:

- Überwachung der Einhaltung der geltenden Gesetze, Verordnungen, Betriebsvereinbarungen und Tarifverträgen,
- Förderung und Eingliederung von Schwerbehinderten
- Förderung der Beschäftigung älterer Arbeitnehmer
- Förderung des betrieblichen Umweltschutzes
- Förderung der Vereinbarkeit von Familie und Beruf
- Entgegennahme und Weiterleitung von Beschwerden, aber auch von Anregungen der Arbeitnehmer

3.44 Jugend- und Auszubildendenvertretung

a) Die Auswahlantwort **5.** ist richtig. 5

In Betrieben mit mehr als fünf jugendlichen Arbeitnehmern oder Auszubildenden, die das 25. Lebensjahr noch nicht vollendet haben, werden Jugend- und Auszubildendenvertreter gewählt. Die Wahlen finden alle zwei Jahre statt.
Wählbar sind alle Arbeitnehmer des Betriebes, die das 25. Lebensjahr noch nicht vollendet haben. Mitglieder des Betriebsrates dürfen nicht zu Jugend- und Auszubildendenvertretern gewählt werden.

Die Jugend- und Auszubildendenvertretung (JAV) kann zu allen Betriebsratssitzungen einen Vertreter entsenden. Werden Angelegenheiten behandelt, die besonders die durch die JAV vertretenen Arbeitnehmer betreffen, so hat die gesamte JAV ein Teilnahmerecht und bei allen Beschlüssen zu diesen Angelegenheiten ein Stimmrecht.

Die JAV übernimmt u. a. folgende Aufgaben:

- Überwachung der Einhaltung der geltenden Gesetze, Verordnungen, Betriebsvereinbarungen und Tarifverträge.
- Weiterleitung von Fragen und Wünschen der jugendlichen Arbeitnehmer, insbesondere zur Berufsbildung, an den Betriebsrat.

Fortsetzung auf der nächsten Seite

© U-Form Verlag – Kopieren verboten!

3.44 Jugend- und Ausbildungsvertretung

Fortsetzung

3

b) Die Auswahlantwort **3.** ist richtig.

Das Warenhaus Meyer beschäftigt:

- 12 Arbeitnehmer zwischen 19 und 23 Jahren, die eine Berufsausbildung machen,
- 10 jugendliche Auszubildende und
- 2 jugendliche Arbeitnehmer, die sich nicht in der Berufsausbildung befinden.

Insgesamt sind damit 24 Arbeitnehmer wahlberechtigt. Nach § 62 des Betriebsverfassungsgesetzes besteht die Jugend- und Auszubildendenvertretung in Betrieben mit in der Regel 21 bis 50 Wahlberechtigten aus 3 Mitgliedern.

3.45 Unfallschutz

a) Die Auswahlantworten **1.**, **3.** und **4.** sind richtig. 1 3 4

Der Notruf dient dazu, bei einem Unfall oder Notfall den Rettungsdienst, die Feuerwehr oder die Polizei zu alarmieren.

Derjenige, der den Notruf tätigt, sollte dabei die **5 Ws** beachten und folgende Informationen mitteilen:

- **Wo** geschah der Unfall?
  Geben Sie den genauen Ort an, an dem sich der Unfall ereignet hat.
- **Was** ist geschehen?
  Beschreiben Sie den Unfall.
- **Wie** viele Personen sind betroffen?
  Nennen Sie die Zahl der Verletzten.
- **Welche** Art von Verletzung oder Erkrankung liegt vor?
  Beschreiben Sie nach Ihrer Beobachtung die Art und die Schwere der Verletzung.
- **Warten** auf Rückfragen!
  Zu den Rückfragen zählen u. a. die Aufnahme des Namens und der Telefonnummer des Anrufers. **Beenden Sie das Gespräch erst dann, wenn die Rettungsleitstelle keine Rückfragen mehr hat.**

Die Angabe der Telefonnummer des Anrufers ist von erheblicher Bedeutung, damit die Rettungskräfte bei Rückfragen – insbesondere beim Absetzen eines Notrufes über ein Handy – die Möglichkeit haben, mit dem Anrufer Kontakt aufzunehmen.

Fortsetzung auf der nächsten Seite

©U-Form Verlag – Kopieren verboten!

3.45 Unfallschutz

Fortsetzung

b) Die Auswahlantwort **1.** ist richtig. 1

Damit der Versicherte Leistungen aus der Unfallversicherung erhält, muss nach Eintritt eines Arbeits- und Wegeunfalls oder aufgrund von Berufskrankheiten eine Unfallanzeige mit einer genauen Schilderung des Unfallgeschehens an die Berufsgenossenschaft geschickt werden.

Die Berufsgenossenschaft ist Träger der gesetzlichen Unfallversicherung.
Zu den Aufgaben der Berufsgenossenschaft gehören die Unfallversicherung und die Unfallverhütung. Sie übernimmt damit die Aufgabe, Arbeitsunfälle und Berufskrankheiten sowie arbeitsbedingte Gesundheitsgefahren zu verhüten.

3.46 Unfallverhütungsvorschriften

Die Auswahlantwort **2.** ist richtig. 2

Die Unfallverhütungsvorschriften sind von den Berufsgenossenschaften erlassene Regelungen über die Einrichtungen, Anordnungen und Maßnahmen, die die Unternehmen zur Vermeidung von Arbeitsunfällen, Berufskrankheiten und Gesundheitsgefahren berücksichtigen müssen.

Für den Einzelhandel ist die **Berufsgenossenschaft Handel und Warenlogistik** zuständig.

Zu den Unfallverhütungsvorschriften zählt u.a., dass

- der Unternehmer alle erforderlichen Maßnahmen zur Verhütung von Arbeitsunfällen, Berufskrankheiten, arbeitsbedingten Gesundheitsgefahren sowie für eine wirksame Erste Hilfe zu treffen hat,
- bei Auftreten von Mängeln eines Arbeitsmittels, einer Einrichtung, einem Arbeitsverfahren bzw. Arbeitsablauf der Unternehmer das Arbeitsmittel oder die Einrichtung der weiteren Benutzung zu entziehen oder stillzulegen bzw. das Arbeitsverfahren oder den Arbeitsablauf abzubrechen hat, bis der Mangel behoben ist,
- unbefugte Personen Betriebsteile nicht betreten dürfen, wenn dadurch eine Gefahr für die Sicherheit und Gesundheit entsteht,
- Versicherte sich durch den Konsum von Alkohol, Drogen oder anderen berauschenden Mitteln nicht in einen Zustand versetzen dürfen, durch den sie sich selbst oder andere gefährden können.

  Dies gilt auch für die Einnahme von Medikamenten.

Information

Nach § 15 des Siebten Sozialgesetzbuches (SGB VII) erlassen die Berufsgenossenschaften als Träger der gesetzlichen Unfallversicherung die Vorschriften der gesetzlichen Unfallversicherung (DGUV-Vorschriften).

Die Vorschriften müssen vom Bundesministerium für Arbeit und Soziales genehmigt werden.

© U-Form Verlag – Kopieren verboten!

3.47 Unfallverhütungsvorschriften

1 3 5

Die Auswahlantworten **1., 3.** und **5.** sind richtig.

Nach § 20 der Unfallverhütungsvorschrift der DGUV sind in Unternehmen mit regelmäßig mehr als 20 Beschäftigten unter Berücksichtigung der Arbeitsbedingungen, der Arbeitsumgebung sowie der Arbeitsorganisation Sicherheitsbeauftragte in der erforderlichen Anzahl zu bestellen.

(zu 1)
Die Sicherheitsbeauftragten haben den Unternehmer bei der Durchführung der Maßnahmen zur Verhütung von Arbeitsunfällen und Berufskrankheiten zu unterstützen. Insbesondere haben sie sich von dem Vorhandensein und der ordnungsgemäßen Benutzung der vorgeschriebenen Schutzeinrichtungen und persönlichen Schutzausrüstungen zu überzeugen und auf Unfall- und Gesundheitsgefahren für die Versicherten aufmerksam zu machen.

(zu 3)
Dem Sicherheitsbeauftragten dürfen wegen der Erfüllung seiner Aufgaben keine Nachteile entstehen. Weiterhin hat der Unternehmer ihm die Teilnahme an Aus- und Fortbildungsmaßnahmen der Berufsgenossenschaft zu ermöglichen, soweit dies im Hinblick auf die betrieblichen Belange erforderlich ist.

(zu 5)
Der Unternehmer muss dem Sicherheitsbeauftragten Gelegenheit geben, seine Aufgaben zu erfüllen und in seinem Bereich an den Betriebsbesichtigungen sowie den Untersuchungen von Unfällen und Berufskrankheiten durch die Aufsichtspersonen der Berufsgenossenschaften teilzunehmen. Den Sicherheitsbeauftragten sind die hierbei erzielten Ergebnisse zur Kenntnis zu geben.

3.48 Versicherungen

4

Die Auswahlantwort **4.** ist richtig.

Wer einem anderen vorsätzlich oder fahrlässig einen Schaden zufügt, ist verpflichtet, diesen Schaden wieder gutzumachen, d. h. er ist zur Haftung verpflichtet.

Um sich gegen die Gefahr von Schadenersatzansprüchen zu schützen, schließt der Unternehmer eine Betriebshaftpflichtversicherung ab.

Diese Versicherung übernimmt die Schadensregulierung bei einem Unfall eines Kunden oder eines Besuchers in seinem Betrieb.

©U-Form Verlag – Kopieren verboten!

3.49 Umweltschutz

a) Auswahlantwort **4.** ist richtig. 4

Die Verpflichtung zur Rücknahme gebrauchter Batterien ist im Batteriegesetz (BattG) gesetzlich verankert. Ziel des Gesetzes ist es, den Eintrag von Schadstoffen in Abfälle durch Batterien zu verringern.

Das Batteriegesetz (BattG) schreibt vor, dass

- Hersteller von Batterien und Importeure, die Batterien aus dem Ausland beziehen und in Deutschland in Verkehr bringen, sich beim Umweltbundesamt registrieren lassen müssen.
- Batterien dürfen nur in Verkehr gebracht werden, wenn der Endverbraucher die Batterien auch zurückgeben kann.
- Endverbraucher sind verpflichtet, gebrauchte Batterien beim Vertreiber oder bei den kommunalen Sammelstellen abzugeben und nicht in den Hausmüll zu werfen.
- Hersteller und Vertreiber von Batterien sind verpflichtet, gebrauchte Batterien unentgeltlich zurückzunehmen.
- Hersteller müssen zurückgenommene Batterien verwerten oder nicht verwertbare Batterien entsorgen.

Das Gesetz schreibt den Herstellern vor, sich an einem gemeinsamen, flächendeckend tätigen Rücknahmesystem zu beteiligen. Dies erfolgt über die von den Batterieherstellern gegründete Stiftung Gemeinsames Rücknahmesystem Batterien (GRS) oder herstellereigene Rücknahmesysteme wie beispielsweise CCR REBAT, ÖcoReCell und ERP Deutschland.

b) **Berechnung der durch den Handel eingesammelten Batterien und Akkus:**

Berechnung des Prozentwertes:

100 % ≙ Gesamtmasse der zurückgenommenen Batterien und Akkus
48,4 % ≙ Anteil der durch den Handel zurückgenommenen Batterien und Akkus

100 % ≙ 15.384 t
48,4 % ≙ x

$$x = \frac{15.384 \text{ Tonnen} \cdot 48{,}4\ \%}{100\ \%} = 7.445{,}856 \text{ t} \approx \mathbf{7.446\ t}$$

Im Handel wurden im Jahr 2015 etwa 7.446 t gebrauchte Batterien und Akkus zurückgegeben.

Tonnen
7	4	4	6

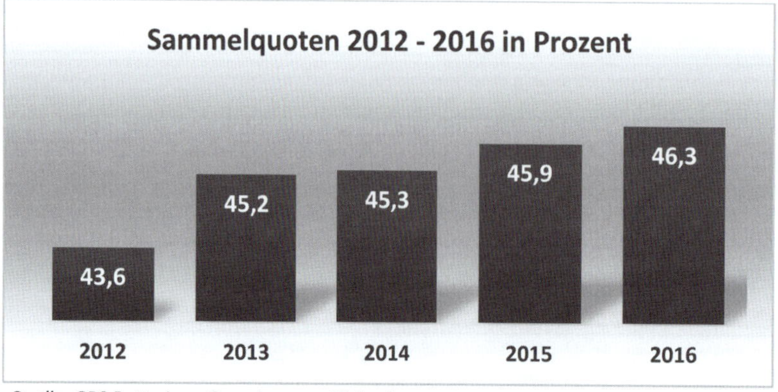

Quelle: GRS Batterien - Gemeinsames Rücknahmesystem

© U-Form Verlag – Kopieren verboten!

3.50 Umweltschutz

a) Die Auswahlantworten **1., 2.** und **3.** sind richtig.

1 2 3

Das Kreislaufwirtschaftsgesetz (KrWG) setzt die Abfallrahmenrichtlinien der EU in deutsches Recht um und ordnet damit das deutsche Abfallrecht.

Ziel des Kreislaufwirtschaftsgesetztes (KrWG) ist es,

- den Umwelt- und Klimaschutz nachhaltig zu verbessern,
- den Verbrauch der Rohstoffvorräte durch möglichst abfallarme Produktionsverfahren und Erzeugnisse zu reduzieren,
- Produktionsverfahren zu nutzen, bei denen möglichst wenige Abfälle entstehen und
- dass die produzierten Erzeugnisse möglichst umweltverträglich entsorgt werden können oder wiederverwertbar sind.

Die Maßnahmen der Kreislaufwirtschaft erfolgen auf der Grundlage der fünfstufigen Abfallhierarchie (§ 6 KrWG):
Abfallvermeidung, Vorbereitung zur Wiederverwendung, Recycling, sonstige Verwertung, insbesondere energetische Verwertung und Verfüllung und Abfallbeseitigung.

Es wird jeweils derjenigen Maßnahme Vorrang eingeräumt, die den Schutz von Mensch und Umwelt am besten gewährleistet.
Bundesweit gilt außerdem eine Getrennthaltungspflicht für Bioabfälle sowie für Papier-, Metall-, Kunststoff- und Glasabfälle.

Fünfstufige Abfallhierarchie:

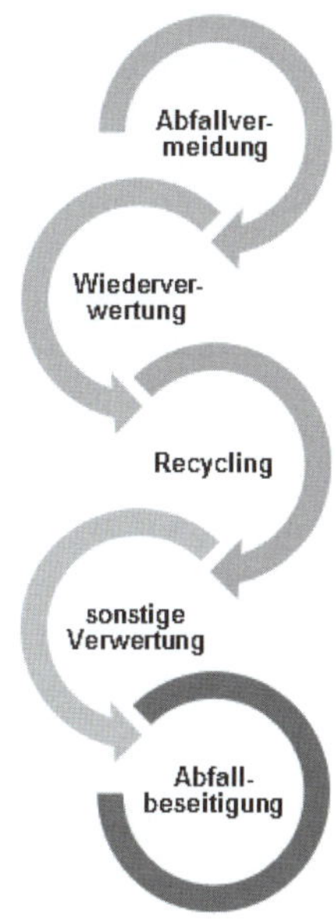

b) Die Auswahlantwort **4.** ist richtig.

4

Die Abfallvermeidung umfasst alle Maßnahmen, die dazu dienen, die natürlichen Ressourcen zu schonen und die Menge des anfallenden Abfalls zu reduzieren.

Dazu zählen beispielsweise die Vermeidung überflüssiger Verpackungen, der Gebrauch von Mehrwegverpackungen, die Verwendung von Nachfüllpackungen sowie das Nutzen schadstoffarmer Produkte und wiederverwertbarer Materialien (z. B. Glas, Papier).

Erhalten die Kunden nur auf Nachfrage eine Tragetüte für die gekaufte Ware, dient das der Abfallvermeidung.

Information

Elektrogesetz (ElektroG)

Das Elektrogesetz (ElektroG) regelt das Inverkehrbringen, die Rücknahme und die Entsorgung von Elektro- und Elektronikgeräten.

Die Verbraucher dürfen Elektrogeräte nicht über den Hausmüll entsorgen, sondern können ihre Altgeräte kostenlos bei entsprechenden kommunalen Sammelstellen abgeben. Seit Juli 2016 können Verbraucher ihre alten Elektrogeräte auch kostenlos bei stationären Einzelhändlern, die über eine Verkaufsfläche von mindestens 400 Quadratmetern verfügen, abgeben. Diese Einzelhändler sind verpflichtet, für jedes gekaufte Elektrogerät ein gleichartiges Altgerät zurückzunehmen.

Für Elektrokleingeräte mit einer Kantenlänge von bis zu 25 cm gilt die Rücknahmepflicht auch ohne Kauf eines Neugerätes. Die Regelungen dieses Gesetzes gelten auch für Online-Händler, die über eine Lager- und Versandfläche von mehr als 400 Quadratmetern verfügen.

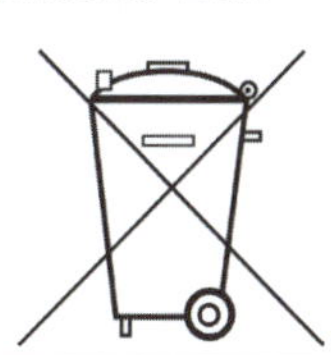

Stand: Dezember 2017

©U-Form Verlag – Kopieren verboten!

Information

Verpackungsgesetz (VerpackG)

Ab 01. Januar 2019 gelten neue gesetzliche Bestimmungen für das Inverkehrbringen, die Rücknahme und die Verwertung von Verpackungen. Das Verpackungsgesetz (VerpackG) löst zu diesem Zeitpunkt die derzeit noch geltenden Regelungen der Verpackungsverordnung (VerpackV) ab.

Das Gesetz gilt für alle Hersteller, die mit Ware befüllte und beim Endverbraucher anfallende Verpackungen (inkl. Füllmaterial) in Verkehr bringen.

Vorrangiges Ziel des Gesetzes ist es, Verpackungsabfälle zu vermeiden oder sie einer Vorbereitung zur Wiederverwendung oder dem Recycling zuzuführen.

Mit dem Verpackungsgesetz wird eine Registrierungspflicht für Hersteller von sogenannten systembeteiligungspflichtigen Verpackungen eingeführt. Systembeteiligungspflichtig sind neben den Verkaufsverpackungen künftig auch Umverpackungen, wenn diese typischerweise bei privaten Endverbrauchern als Abfall anfallen.

Jeder Hersteller ist verpflichtet, sich vor dem Inverkehrbringen von Verpackungen bei der Zentralen Stelle zu registrieren. Diese Stelle wird von der Wirtschaft selbst organisiert und finanziert. Sie veröffentlicht eine Liste aller registrierter Hersteller im Internet. Wer dort nicht registriert ist, darf keine systembeteiligungspflichtigen Verpackungen in Verkehr bringen.

Mit dem neuen Gesetz wird auch die Pfandpflicht bei Einweggetränkepackungen auf Frucht- und Gemüsenektare mit Kohlensäure und auf Mischgetränke mit einem Anteil an Milcherzeugnissen, insbesondere Molke, von mindestens 50 % ausgeweitet.

Letztvertreiber von Getränkeverpackungen haben künftig eine deutlich sicht- und lesbare Kennzeichnung an den Verkaufsregalen anzubringen, die auf die Einweg- oder Mehrwegeigenschaft hinweist.

Die Hersteller sind weiterhin verpflichtet, sich an dem sogenannten dualen System zu beteiligen, das bundesweit die Rücknahme, Sortierung und Verwertung der Verpackungen organisiert. Bei der Festlegung der zu zahlenden Entgelte werden künftig jedoch auch ökologische Kriterien berücksichtigt, die die Hersteller dazu bewegen sollen, Verpackungsmaterial zu verwenden, das (teilweise) aus Recyclingmaterial besteht, oder zu einem hohen Prozentsatz recycelt werden kann.

© U-Form Verlag – Kopieren verboten!

Fotos	Seite
Deutsche Bundesbank	40, 44
Experton Group, Bitkom 2014	49
© bilderbox – Fotolia.com	144
© Mikhail Mishchenko – Fotolia.com	123
Messe Düsseldorf GmbH	32
Mevri BV	79
Payback Rabattverein e. V.	36

Titelbild © PureSolution – Fotolia.com

Ihre Notizen

© U-Form Verlag – Kopieren verboten!